하루만에 끝내는 친절한 노션 교과서

노션 입문자를 위한 가장 쉽고 빠른 활용 가이드

별나 안수현 지음

호호북앤드림

하루만에 끝내는 친절한 노션 교과서
- 노션 입문자를 위한 가장 쉽고 빠른 활용 가이드

발 행 | 2025년 6월 10일
저 자 | 별나 안수현

발행인 | 이숙영
발행처 | 호호북앤드림
출판사등록 | 제2024-000020호
주 소 | 부산시 부산진구 백양대로 255
전 화 | 0507-1337-4033
이메일 | kikikibook@naver.com

ISBN | 979-11-990441-5-9 (13000)
ⓒ 별나 안수현 2025 호호북앤드림

이 책의 내용은 저작권법에 따라 보호받는 저작물이므로,
전부 또는 일부 내용을 재사용하려면
저작권자와 출판사의 서면동의를 받아야 합니다.
저자 강의 및 도서 문의 0507-1337-4033

저자소개

별나 안수현

별나스쿨 대표이자 노션 크리에이터로 활약하고 있으며, 시간과 장소에 구애받지 않고 자유롭게 일하는 것을 실현하는 디지털 노마드이자 N잡 콘텐츠 디렉터입니다. 특히 '노션(Notion)'을 적극 활용하여 업무 생산성을 높이고 삶의 질을 획기적으로 변화시킨 경험을 많은 이들과 나누며 왕성한 활동을 펼쳐 나가고 있습니다. 노션을 활용한 효율성 높은 콘텐츠 관리 및 디렉션 기법을 알리기 위해 콘텐츠 디렉션 아카데미인 '별나스쿨'을 창립하여 운영하고 있으며, 현재까지 수백 명이 넘는 수강생들에게 현대의 디지털 시대를 살아가기 위한 현실적이고 즉각적으로 활용 가능한 콘텐츠 제작 및 활용 노하우를 전달하고 있습니다.

개인과 조직이 일과 삶이라는 두 마리 토끼를 모두 효율적으로 잡을 수 있도록 돕는 것을 자신의 사명으로 생각하고 있습니다. 저의 콘텐츠는 실무 현장과 가장 밀접히 맞닿아 있으며, 언제나 친절하고 섬세한 설명을 바탕으로 초보자부터 숙련자까지 누구나 쉽게 이해하고 적용할 수 있도록 하는 것을 목표로 합니다.

[현직]
콘텐츠 디렉션 아카데미 『별나스쿨』 대표
노션(Notion) 크리에이터 및 전문 강사
디지털 노마드로서 콘텐츠 기획 및 제작 전문가
N잡러로 활동하는 다채로운 콘텐츠 디렉터

별나스쿨 홈페이지

CONTENT

Prologue : 노션을 처음 만나는 당신을 위한 친절한 안내서

PART 01. 노션 시작을 위한 탄탄한 기본기 ・9

1-1 노션이란 무엇인가? ・10
- 노션의 개념 및 특징
- 노션을 사용하는 이유

1-2 노션 무료로 가입하고 사용하는 방법 ・13
- 노션 무료 가입 절차 (이메일 및 소셜 계정 활용하기)
- 워크스페이스의 개념 이해와 생성 방법

1-3 노션 인터페이스 쉽게 이해하기 ・19
- 사이드바, 작업 공간, 페이지 구조 완벽 정리
- 노션 페이지 생성하고 관리하기
- 페이지 삭제 및 복원 방법과 주의사항

1-4 초보자를 위한 설정과 개인 환경 설정하기 ・27
- 노션 언어 한국어 설정 방법
- 노션 시작 페이지 설정하는 법
- 노션 테마 설정 (밝은 모드 / 어두운 모드)
- 워크스페이스 기본 설정하기(추가 설정 팁)

PART 02. 페이지와 블록 완벽 마스터하기 ・37

2-1 기본 블록 활용법 알아보기 ・38

- 텍스트 블록, 제목(헤딩)블록 작성법
- 글머리 리스트, 체크리스트 작성법
- 토글 블록, 구분선 블록 활용법
- 콜아웃(callout) 블록 활용 및 이모지 제거방법

2-2 페이지 구성 및 관리 완벽 정리 ・50

- 페이지 구성 및 기능 배우기
- 커버 및 아이콘 활용법
- 페이지 복원 기능 알아보기

2-3 @멘션과 '/'명령어 활용법 ・59

- @멘션을 이용한 사람 및 페이지 빠르게 태그하기
- '/' 명령어를 통해 더 빠르게 블록을 작성하기

PART 03. 템플릿 & 동기화 블록 실전 활용법 ・65

3-1 노션 기본 제공 템플릿 이해하기 ・66

- 기본 제공 템플릿 찾기 및 사용법 실습
- 내 상황에 맞는 템플릿 선정해서 적용하기

3-2 동기화 블록 개념 및 활용방법 ・74

- 동기화 블록의 정의 및 장단점 이해
- 동기화 블록을 통해 여러 페이지에서 콘텐츠 공유

PART 04. 미디어(임베드)·북마크 콘텐츠 관리 •83

4-1 노션의 임베드(embed) 기능 제대로 알아보기 •84
- 외부 미디어 콘텐츠 임베드하는 법
- 외부 문서를 노션에 임베드하는 방법

4-2 북마크(Bookmark) 블록의 활용 팁 익히기 •91
- 유용한 북마크 블록 활용법 및 실습 예제
- 자주 접속하는 웹사이트 쉽게 정리하고 관리하기

PART 05. 데이터베이스로 정보 효율적으로 관리하기 •95

5-1 데이터베이스의 기본 개념 및 특징 이해하기 •96
- 데이터베이스의 필요성과 활용 방법
- 데이터베이스를 활용한 효율적인 자료 관리

5-2 데이터베이스 유형 및 다양한 화면 뷰 활용하기 •98
- 데이터베이스 뷰 개념 및 활용법
- 데이터베이스와 콜아웃 활용법
- 간단하게 만드는 데이터베이스 AI 기능

5-3 데이터베이스 내 필터와 정렬 쉽게 사용하기 •109
- 데이터베이스 필터 적용 예시와 실습
- 데이터 정렬 기능을 이용하여 자료를 효과적으로 관리하기

PART 06. 쉽고 빠르게 배우는 노션 공유&협업하기 ・115

6-1 노션 페이지 공유 방법 마스터하기 ・116
- 페이지를 웹으로 공유하고 권한 설정 및 관리하기
- 페이지 공개 및 비공개 설정하는 방법

6-2 팀원과 게스트 초대하여 함께 작업하기 ・119
- 워크스페이스에 멤버 초대 및 멤버 관리 방법
- 게스트 초대를 통한 외부 사용자 협업 및 권한 관리하기

PART 07. 초보자를 위한 알쓸잡 지식 ・121

7-1 자주 사용하는 노션 필수 단축키 정리 ・122
- 꼭 알아야 할 노션 단축키
- 유용한 단축키 꿀팁

7-2 수식을 활용해 폰트 사이즈 및 색상 변경하기 ・124
- 노션 수식기능으로 글자 색상과 크기를 바꾸는 기초
- 입문자를 위한 쉬운 변경방법

7-3 데이터베이스 복제 및 링크된 베이스 차이점 ・131
- 데이터베이스 복제 기능과 주의할 점
- 링크된 데이터베이스 사용과 장점

Epilogue : 축하합니다! 당신은 이제 노션 초보 탈출입니다.

Prologue

노션을 처음 만나는 당신을 위한 친절한 안내서

안녕하세요! 저는 디지털 노마드로 살아가며 N잡러로 활동하는 콘텐츠 디렉션 아카데미 〈별나스쿨〉의 대표이자, 현재 '노션 크리에이터'로서 사람들에게 노션이라는 멋진 도구를 알리고 있습니다. 사실 '노션'이라는 도구를 알기 전까지는 저 또한 여느 직장인과 크게 다르지 않았습니다. 매일 쏟아지는 업무와 콘텐츠 계획, 팀원 관리와 회의자료, 개인적인 일정까지 정말 많은 정보 속에서 힘겹게 살고 있었죠. 이 수많은 자료를 어떻게 하면 체계적으로 관리할 수 있을까를 고민하며, 시간과 장소의 제약 없이 일할 수 있는 효율적인 시스템이 절실했습니다.

그러다 '노션'을 만나게 되었습니다. 처음에는 다소 어려워 보였지만 천천히 하나씩 다양한 기능을 습득하고 제 업무와 일상에 적용하자, 어느덧 업무 효율성은 물론 일상의 생산성까지 완전히 달라지고 있음을 느꼈습니다. 마치 노션이라는 마법과 같은 도구가 지저분한 책상을 깨끗하게 정돈해주듯, 삶의 정리정돈을 도와준 것이죠. 그리고 이 경험을 위해 많은 사람들과 나누고 싶어졌습니다.

이 책은 그 동안 제가 직접 겪고, 실제로 활용하며 습득한 노하우를 집약한 것입니다. 노션의 기초 개념부터 업무에서 실제 사용 가능한 현실적이고 실용적인 노션 활용법까지 단계별로 친절히 담았습니다.

이 책을 통해 노션을 제대로 마스터하여 여러분의 업무뿐만 아니라 삶 전체에 멋진 변화를 일으킬 수 있기를 진심으로 바랍니다.

PART 1

노션 시작을 위한 탄탄한 기본기

1-1. 노션이란 무엇인가?
1-2. 노션 무료로 가입하고 사용하는 방법
1-3. 노션 인터페이스 쉽게 이해하기
1-4. 초보자를 위한 설정과 개인 환경 설정하기

1-1. 노션이란 무엇인가?

노션의 개념과 특징

노션(Notion)은 한마디로 '올인원 생산성 도구'입니다. 메모 작성과 문서 관리, 할 일 체크, 자료 보관 및 캘린더 일정 관리까지 하나의 도구에서 모두 다룰 수 있는 강력하고 다양한 기능을 가진 서비스입니다. 노션에서는 개별 문서 단위를 '페이지(Page)'라고 하며, 이 페이지 안에는 '블록(Block)'이라는 작은 단위 요소들로 콘텐츠를 효과적으로 구성합니다. 노션이 제공하는 고유한 '블록'의 개념 덕분에 사용자는 콘텐츠를 작성할 때 매우 높은 자유도를 경험하게 됩니다. 블록은 텍스트, 제목, 체크박스, 이미지, 동영상, 데이터베이스 등 다양한 형태의 콘텐츠를 자유자재로 배치하고 조합할 수 있습니다. 블록의 위치를 언제든 손쉽게 바꿀 수 있다는 점은 노션의 가장 독특하고 흥미로운 특징입니다.

이런 구조 덕분에 노션은 단순한 메모장, 강력한 데이터 관리툴, 프로젝트 관리 도구, 개인 기록 보관소 등 다양한 목적으로 활용되고 있습니다. 즉, 사용하는 사람에 따라 무한대로 확장되고 변형되는 유연한 도구라고 볼 수 있습니다.

사람들은 왜 노션을 사용하는가?

사람들이 노션을 사용하는 이유는 다양하지만 그 중에서 장점을 찾는다면 '유연성'과 '통합성' 입니다.

"유연성"이란, 노션은 정해진 틀이 없이 사용자가 원하는 형태대로 화면을 구성하고 내용을 배치할 수 있습니다. 그러다 보니 수많은 메모 앱과 일정 관리 도구, 문서 프로그램을 따로 사용하지 않아도 노션 하나로 해결할 수 있게 됩니다.

"통합성"은 개별적인 서비스들을 하나로 모아 효율을 극대화한 것입니다. 업무에서 필요한 문서 작성, 프로젝트 일정 관리, 개인 메모, 가족과의 공유 일정 등 생활의 모든 요소들을 노션 안에서 한 번에 통합하여 관리할 수 있습니다. 이런 방식은 일상의 복잡성을 줄여주고 시간과 노력을 아껴주기 때문에 전 세계적으로 수많은 개인 사용자와 기업들에게 사랑받는 이유입니다.

최근에는 학생들도 강의노트 정리, 팀 프로젝트 협업, 개인적인 일정 관리에서 노션을 적극적으로 활용하는 추세로 바뀌고 있습니다. 이는 노션이 전통적인 메모 앱이나 문서 프로그램보다 시각적으로 간결하고 직관적이기 때문입니다. 이러한 장점들 덕분에 현재 수많은 사용자들이 노션에 긍정적인 반응을 보이고 있습니다.

💡 노션 배우기 전 독자를 위한 팁

노션을 제대로 활용하려면 사용 목적을 명확히 정의하는 게 매우 중요합니다. 무작정 기능부터 배우기보다는 "나는 노션을 통해 무엇을 관리하고 싶은가?"라는 질문을 스스로 던져보세요. 하고 싶은 일이 분명하면 노션의 수많은 기능을 더 쉽게 이해하고 능숙하게 사용할 수 있습니다.

예를 들어 다음과 같은 목적이 있는지 먼저 고민해 보세요.

- 개인 메모와 일기, 독서 기록
- 할 일 목록 및 일정 관리
- 업무 문서 정리 및 간단한 프로젝트 관리
- 여행 일정 계획과 정리

이렇게 구체적인 목표를 세우면 이후의 내용을 배우는 데 있어 훨씬 효과적이고 기억하기 쉬워집니다.

1-2 노션 무료로 가입하고 사용하는 방법

노션을 이제 본격적으로 시작할 준비가 되었다면, 가장 먼저 해야 할 일은 당연히 '가입하기'겠죠? 노션의 가장 큰 장점 중 하나는 개인 사용자라면 누구나 무료로 시작할 수 있다는 점입니다. 기업이나 팀 사용자의 경우에도 특정 용량과 기능이 제한된 무료 버전으로 충분히 노션의 기본 기능을 활용하고 체험해 볼 수 있습니다. 지금부터 노션의 무료 가입 및 워크스페이스를 생성하는 방법을 알아보겠습니다.

① 노션 무료 가입 절차 (이메일 및 소셜 계정 활용하기)

노션에 가입하는 방법은 매우 간단합니다. 준비물은 이메일 주소 또는 구글이나 애플 계정 하나만 있으면 됩니다. 공식 홈페이지인 www.notion.so에 접속합니다.

공식 홈페이지 첫 화면이 나오면 오른쪽 상단의 「무료로 시작하기」 또는 「Sign up」 버튼을 클릭하세요. 그러면 곧바로 가입 화면이 나타나면서 세 가지 방법 중 하나를 선택할 수 있습니다.

☐ 이메일 계정으로 가입하기
☐ 구글(Google) 계정으로 간편 가입하기
☐ 애플(Apple) 계정으로 간편 가입하기
☐ + 현재 마이크로 소프트 계정 가입도 가능합니다.

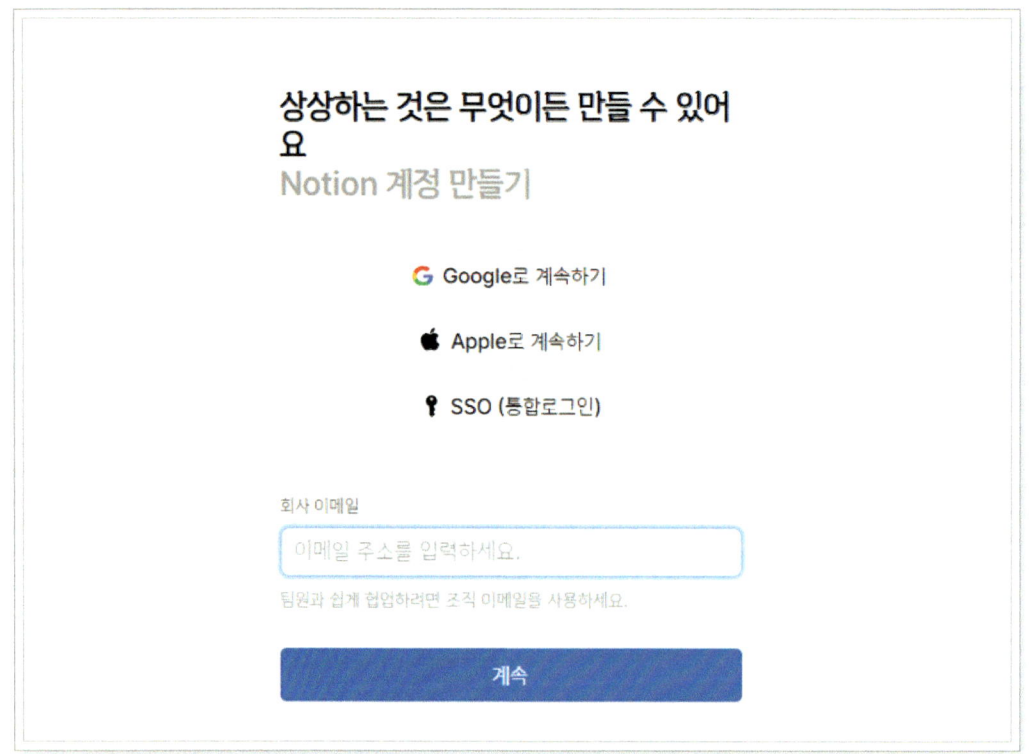

　이메일을 이용한 가입 과정은 다음처럼 진행하면 됩니다. 먼저 이메일 주소를 입력하고 「계속하기(Continue)」 버튼을 클릭합니다. 입력한 이메일로 인증 코드가 발송되며, 받은 메일함을 열어서 노션이 보낸 인증 번호를 복사하여 다시 노션 페이지의 입력창에 붙여넣습니다. 개인을 선택 후 간단히 가입이 완료됩니다.

이 책에서는 구글 계정을 이용해 노션을 시작하는 방법을 배웁니다. 구글 드라이브 등 자주 이용하는 구글 서비스와 연결된 계정으로 노션을 시작하면, 추후 다양한 노션 연동 기능을 사용할 때 더욱 손쉽게 활용할 수 있으니 참고하시기 바랍니다.

Google로 시작하기를 선택하면 사용할 계정을 선택하거나 새로운 구글 계정을 입력해 로그인할 수 있습니다. 로그인을 위한 이메일 주소는 노션 설정에서 나중에 변경할 수 있습니다. 계정 선택이 완료되면 구글과 노션의 연동 권한이 표시됩니다. [계속하기] 버튼을 클릭합니다. 다음으로 노션의 사용 목적에 따라 팀용, 개인용, 학교용의 세 가지 버전 중 하나를 선택합니다.

1. **팀용 버전**

팀용 버전은 여러 사용자가 동시에 작업하고 정보를 공유하는 데 초점이 맞추어져 있습니다. 유료 요금제로 제공되며, 다양한 권한 설정 및 협업 기능을 활용할 수 있습니다.

2. **개인용 버전**

개인용 버전은 개인 프로젝트 및 개인적인 정보 관리를 목적으로 하는 사용자에게 적합합니다. 무료 버전과 유료 버전이 있으며, 유료 버전의 경우 기능 제한 없이 모든 기능을 자유롭게 이용할 수 있습니다.

3. **학교용 버전**

학교용 버전은 학생 및 교직원이 학업 관련 자료를 효율적으로 관리하고 공유하는 데 적합합니다. 학교 이메일 계정을 통해 가입할 경우, 특정 플러스 기능이 무료로 제공됩니다.

개인용을 선택하고 [계속] 버튼을 클릭하면 "무슨 생각을 하고 있는지 알려주세요"라는 화면과 함께 다양한 관심 분야 태그가 나타납니다. 이는 노션에서 어떤 활동을 주로 할지 참고하기 위한 항목으로, 이 과정은 필수가 아니며 원할 경우 [건너뛰기]를 선택하여 넘어가도 가입에 제약이 없습니다.

② 워크스페이스의 개념 이해와 생성 방법

노션은 '워크스페이스(Workspace)'라는 개념을 사용합니다. 워크스페이스는 쉽게 말해 "나만의 작업 공간"이라 할 수 있습니다. 여기에 페이지를 추가하고 관리하며, 여러 작업들을 한데 모아 정리할 수 있습니다. 이미 가입 과정에서 여러분의 워크스페이스가 기본적으로 생성된 상태입니다.

워크스페이스를 여러 개 운영하고 싶다면, 왼쪽 상단 '워크스페이스 이름'을 클릭한 후 나타나는 메뉴에서 '워크스페이스 추가'를 눌러 추가 워크스페이스를 만들 수 있습니다. 각각의 워크스페이스마다 용도를 다르게 설정하여 '일반', '직장', '개인 프로젝트용도' 등으로 구분하여 활용하면 더욱 효율적입니다.

TIP.
본인 계정의 단독사용의 경우 무료 사용자도 팀스페이스를 무료로 사용할 수 있습니다. 개인 페이지는 개인을 위한 용도, 팀스페이스는 업무 및 협업 등으로 나눠서 사용하면 편합니다.

💡 가입 및 워크스페이스 개설 시 주의사항 및 팁

노션을 가입 후 실제로 본격 사용하기 전에 반드시 확인하면 좋은 사항과 팁을 정리하여 안내합니다.

먼저, 이메일 주소는 '자주 사용하고 확인하기 쉬운' 메일 주소로 하세요. 잊어버리면 워크스페이스 접속이 어렵기 때문입니다. 또한, 회사의 그룹 메일이나 다수의 사람이 함께 쓰는 메일로 계정을 생성하면 계정 관리가 복잡해질 수 있기 때문에 가능한 개인 전용 메일 사용이 좋습니다.

소셜계정 연동은 편리하지만, 구글이나 애플 계정이 변경될 경우 연동된 노션 접속이 어려워질 수 있습니다. 계정 정보가 확실한 경우에만 소셜 간편 가입 방식을 추천합니다.

워크스페이스 이름은 명확하게 설정하는 것이 좋습니다. 업무 용도라면 회사명이나 부서 명 등으로 명확한 구분이 용이하도록 설정하면 나중에 찾기 쉽고 효율적입니다.

마지막으로, 처음 가입과 워크스페이스 설정을 마치고 나면 노션에서 제공하는 간단한 가이드 페이지를 꼭 살펴보세요. 노션의 가장 기본적이고 핵심적인 설명과 템플릿들이 제공되어 빠르게 익숙해지는 데 큰 도움이 됩니다.

이렇게 간단한 순서를 따라 가입하고 워크스페이스까지 완성했다면 축하합니다. 이로써 여러분은 노션 사용을 위한 최적의 환경을 마련한 것입니다. 이제 다음 장에서는 노션의 기본 화면(인터페이스)을 알아보며 본격적인 사용법을 익혀봅시다.

1-3 노션 인터페이스 쉽게 이해하기

가입을 성공적으로 마치고 나면, 이제 노션을 실제 사용하는 방법을 배워보아야겠죠? 바로 시작하고 싶은 마음이 크실 테지만, 효율적인 활용을 위해서는 노션의 기본 화면과 인터페이스 구성부터 제대로 알아두는 것이 필요합니다.

노션의 인터페이스는 크게 세 가지 영역으로 나뉩니다. 왼쪽에 있는 「사이드바」, 오른쪽의 콘텐츠를 표시하는 「메인 작업 공간(Workspace)」, 그리고 하나의 콘텐츠 단위를 나타내는 「페이지(Page)」 영역으로 구성이 됩니다.

① 사이드바(Sidebar) 제대로 살펴보기

사이드바는 노션 화면의 왼쪽에 위치해 있으며, 쉽게 말해 노션이라는 책의 '목차' 역할을 합니다. 내가 만든 여러 페이지를 빠르게 이동하거나 관리할 수 있게 도와줍니다. 이렇게 하면 수많은 페이지와 페이지의 하위구조를 눈에 잘 들어오도록 정돈하여 보여줍니다. 사이드바는 주로 아래의 구성요소들로 이루어져 있습니다.

- 워크스페이스 이름 : 클릭 시 워크스페이스를 전환하거나 설정을 변경할 수 있습니다. 여러 개의 워크스페이스를 가질 경우 여기서 쉽게 전환하여 관리합니다.
- 빠른 찾기(search) : 페이지나 콘텐츠를 이름 또는 키워드로 손쉽게 찾을 수 있도록 돕습니다.
- 홈 : 홈은 사용자가 최근 작업했거나 자주 사용하는 페이지 및 콘텐츠를 간결한 형태로 모아주는 공간으로 최근에는 가장 상단에 AI를 활용할 수 있는 기능도 포함되었습니다.

- 수신함 : 수신함은 나에게 할당된 작업 목록, 다른 사용자가 나를 언급(@멘션)했거나 댓글을 남긴 페이지 등을 한 곳에 모아 보여주는 알림 및 메시지 관리 공간입니다. 특히 협업 시 나를 위한 알림, 태스크(task) 및 모든 협업 피드백을 빠르게 확인하고 대응할 수 있는 중요한 영역입니다.
- 모든 페이지 영역 : '모든 페이지 영역'은 사용자가 생성한 모든 페이지와 하위 페이지를 보기 좋게 트리(Tree) 구조로 구성하여 정리해주는 공간입니다. 목적과 성격에 따라 페이지를 그룹핑하거나 페이지 간 이동도 편리하게 할 수 있도록 돕습니다. 더 효율적인 페이지 관리를 위하여, 모든 페이지 영역은 크게 네 가지로 구분할 수 있습니다.

① **즐겨찾기**

즐겨찾기는 자주 사용하는 페이지나 중요한 콘텐츠를 '북마크' 하듯 별도로 표시하여 빠르게 접근할 수 있는 영역입니다. 각각의 페이지 제목 옆에 있는 즐겨찾기 아이콘(별 모양★)을 클릭하면 페이지가 즉시 '즐겨찾기' 영역으로 이동하여 간편하게 관리할 수 있습니다. 사실상 한 번의 클릭으로 자주 방문하는 페이지를 모아두는 '빠른 접근' 기능이라 생각하면 이해가 쉽습니다. 예를 들어 회사에서 매주 업무 회의를 진행한다면 '주간회의 페이지'를 즐겨찾기 해두면 다른 페이지의 목록에서 찾는 수고 없이 언제든 쉽고 빠르게 접근할 수 있습니다.

② **개인 페이지**

개인페이지는 본인만 접근할 수 있는 개인적인 작업 및 메모를 위한 공간입니다. 별도 공유 설정을 하지 않는 한 본인만 내용을 볼 수 있으며, 전체 워크스페이스 환경 속에서 개인적인 할 일 목록, 아이디어 노트, 업무 메모 등

나만을 위한 콘텐츠를 따로 정리할 수 있는 공간이라고 할 수 있습니다.
예를 들어, '오늘 해야 할 일 목록', '개인 독서 기록', '개발 아이디어 노트'와 같은 개인적이고 비공개적인 콘텐츠를 관리하기에 좋습니다.

③ 팀스페이스

팀스페이스(Teamspace)는 팀 또는 조직 단위로 협업을 할 때 사용하는 공동의 작업 공간입니다. 팀워크에 최적화된 구조로 제공되며, 특정 팀 멤버를 초대하여 자료를 함께 관리하고 공유하며 협업을 효과적으로 할 수 있도록 지원합니다. 페이지 간 권한 관리도 쉽고, 멤버 초대 및 사용 설정을 편리하게 할 수 있어 업무 협업에 매우 유용합니다.
예를 들어 마케팅팀 사람들이 공유해야 하는 콘텐츠 마케팅 자료나, 개발자들이 공동 작업을 하는 기술팀 문서 등을 팀스페이스 내에서 효과적으로 관리할 수 있습니다.

④ 공유된 페이지

공유된 페이지는 내가 만든 페이지 중 다른 사람들과 공유된 페이지들을 자동으로 한 곳에 모아 보여주는 곳입니다. 페이지를 공유할 때 개인적으로 특정 사용자에게 공유하거나, 외부 링크로 공개 설정하면 이 영역에 정리됩니다. 이 공간에서 내가 다른 사람과 협업하고 있는 페이지들을 간편하게 한 번에 확인하고, 관리할 수 있습니다. 특히 협업자로서 어떤 페이지를 누구와 함께 공유하고 있는지 직관적으로 파악할 수 있어 대단히 효율적입니다.
예를 들어, 내가 프로젝트 A를 진행하면서 관련된 자료를 팀원 또는 외부인과 공유했다면 모두 이 '공유된 페이지' 영역에서 확인 할 수 있습니다.

② 작업 공간(Workspace)과 페이지 구조 이해하기

노션 화면에서 가장 넓은 공간을 차지하는 가운데 부분이 바로 워크스페이스입니다. 사이드바에서 페이지를 클릭하면 선택한 페이지의 콘텐츠가 작업공간에 표시되는 방식입니다.

노션에서 작성하는 모든 콘텐츠는 '페이지(Page)'라는 구조로 이루어져 있습니다. 페이지 하나가 일반적인 노트북의 한 페이지라고 생각하면 쉽습니다. 각각의 페이지에는 텍스트, 이미지, 데이터베이스, 링크, 북마크 등 다양한 유형의 콘텐츠를 자유롭게 넣을 수 있습니다. 페이지는 하위 페이지를 포함하여 계층적으로 구조화될 수 있으므로, 정리된 문서를 만들거나 체계적으로 정보를 분류하고 관리하기 편리합니다.

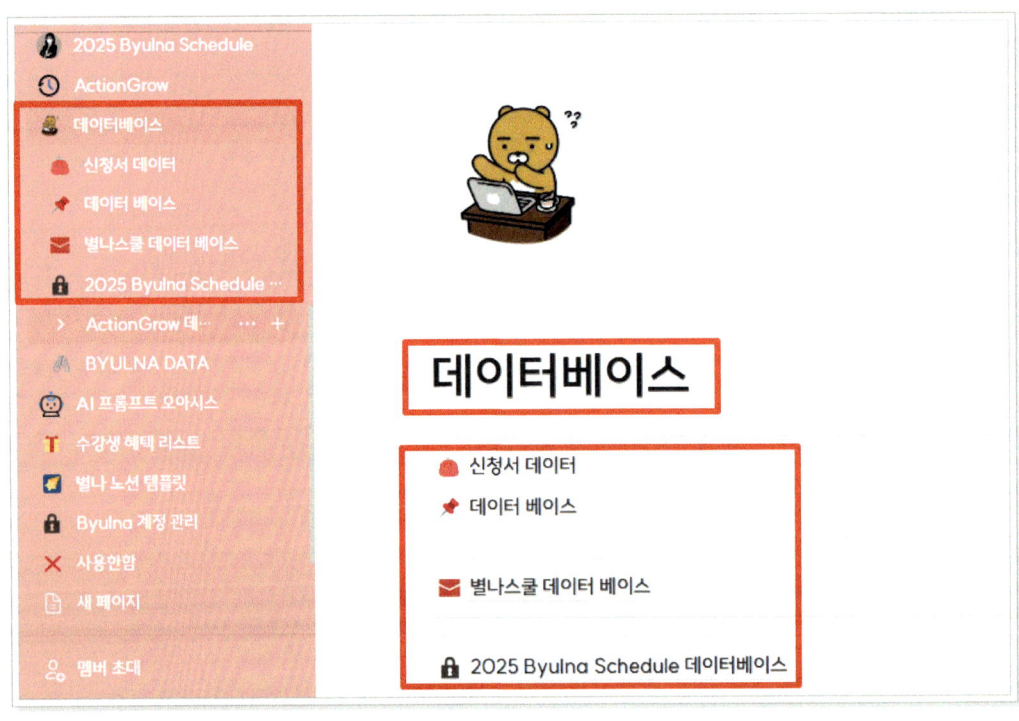

③ 노션 페이지 생성 및 관리 방법 알아보기

노션에서 새 페이지는 정말 간단하게 만들 수 있습니다. 화면 좌측 하단의 「새 페이지」(New page)를 클릭하면 깨끗한 빈 페이지가 즉시 생성됩니다.

이렇게 만들어진 페이지에서는 맨 위 제목 영역에 원하는 페이지 이름을 입력하면 됩니다. 그 아래 본문 영역에 바로 내용 작성을 시작할 수도 있고, '/' 명령어를 이용하여 블록(텍스트, 이미지, 데이터베이스 등)을 추가할 수도 있습니다.

이미 만들어진 페이지 가운데 이동하려면 클릭하여 열거나 사이드바에서 손쉽게 끌어다 계층을 변경할 수도 있습니다. 드래그 앤 드롭(Drag & Drop)으로 페이지의 위치를 자유롭게 옮기는 것이 가능해 관리가 참 쉽습니다.

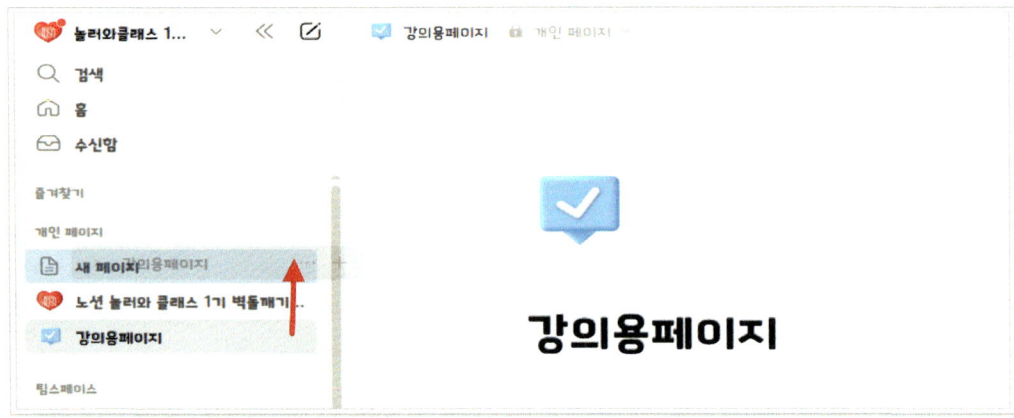

페이지를 클릭하지 않아도 이동하고 싶은 페이지에 마우스를 가져가면 우측에 점 세개가 「···」보입니다. 클릭 후 옮기기를 선택 후 원하는 페이지로 이동할 수 있습니다.

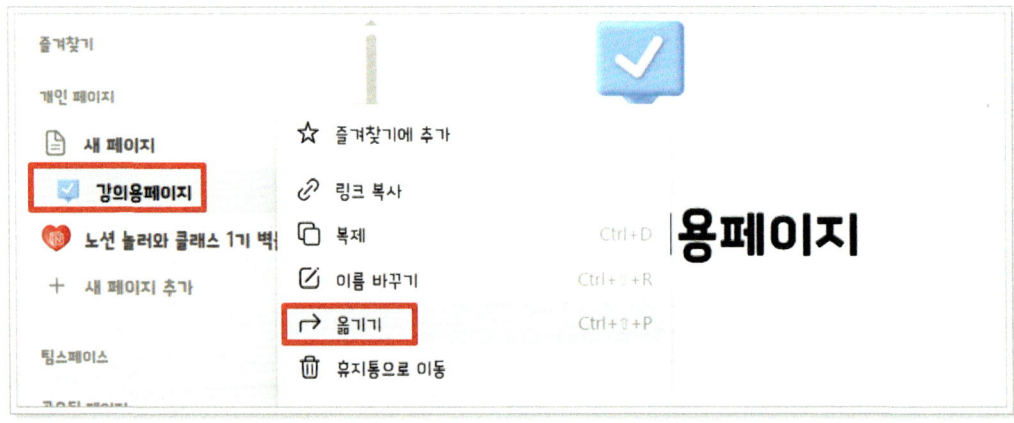

④ 페이지 삭제 및 복원 방법과 주의사항

노션에서 페이지를 삭제하고 싶다면, 사이드바의 페이지 이름에 커서를 올리고 오른쪽에 나타나는 「・・・」 버튼을 클릭하여 「삭제(Delete)」를 선택하면 됩니다. 또는 페이지 내부 우측 상단의 「・・・」 버튼으로도 같습니다.

삭제된 페이지는 휴지통(Trash)으로 이동되며, 30일 동안 복원이 가능합니다. 사이드바 하단에 있는 휴지통을 클릭 후 복원하면 삭제하기 전 페이지로 이동됩니다.

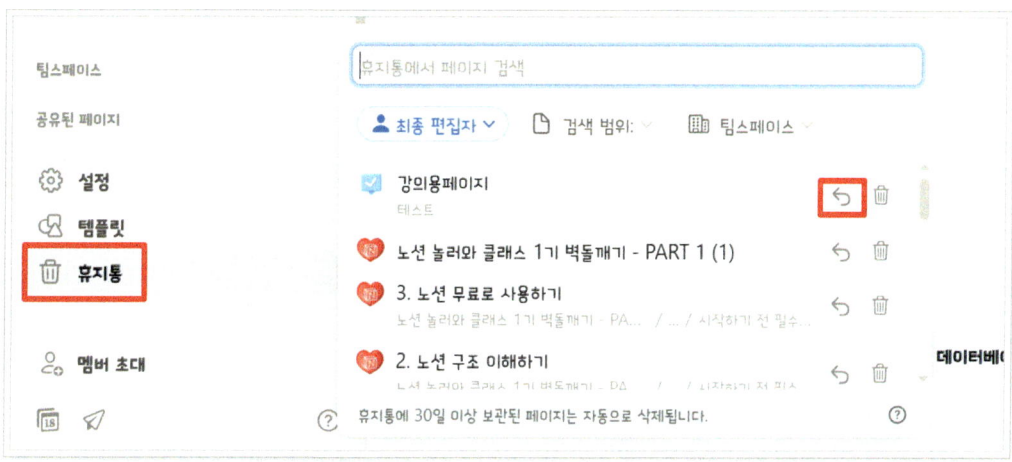

다만 주의해야 할 점은, 노션은 휴지통에 보관된 페이지를 일정기간 보관 후 영구 삭제를 진행할 수 있습니다. 따라서 중요한 페이지를 삭제할 때는 항상 조심스럽게 하도록 하고, 삭제 전 확실히 한번 더 확인하는 습관을 가지면 좋습니다.

💡 인터페이스 사용 팁 및 주의할 점

노션을 사용하면서 기억하면 좋은 작은 팁 하나는 최소한의 페이지 구조로 시작하는 것입니다. 처음부터 페이지를 너무 많은 하위 구조로 복잡하게 구성하기보다, 간단하고 명확한 구조부터 조금씩 확장하며 익히는 게 좋습니다.

또한 페이지의 이름을 작성할 때, 구체적으로 간단히 표기하여 나중에 찾거나 관리가 쉬워지도록 하는 것이 유용합니다. 예를 들어 "2025년 1월 회의노트", "건강기록(운동/식사)" 등 명확히 구분할 수 있는 이름을 정하면 효율성을 높일 수 있습니다.

지금까지 노션의 가장 기본적인 인터페이스 및 페이지 관리법을 이해하고, 실전에서 페이지를 다루는 방법을 배웠습니다. 이제 여러분은 본격적인 노션의 콘텐츠 작업을 시작할 준비가 거의 완료되었습니다.

다음 장에서는 노션 화면을 한국어로 설정하고, 본인 취향에 맞는 개인 환경을 설정하는 방법을 배워보도록 하겠습니다. 이 책을 차근차근 따라가면 곧 쉽게 노션을 마스터 할 수 있습니다.

1-4 초보자를 위한 설정과 개인 환경 설정하기

이제 노션의 가입과 인터페이스 이해까지 어느 정도 진행했습니다. 어쩌면 이미 눈치채셨겠지만, 처음 노션을 시작할 때는 영어로 설정되어 있을 때가 많습니다. 영어 화면도 물론 사용할 수 있지만, 한국어로 설정하면 더 익숙하고 빠르게 적응할 수 있겠죠. 이번 챕터에서는 노션을 더 편리하고 쾌적한 환경에서 사용할 수 있도록 언어(한국어) 설정과 개인환경 설정법에 대해서 배워보겠습니다.

① 노션 언어를 한국어로 변경하는 방법

노션에서 제공하는 한국어 언어 설정을 하는 방법부터 알아보겠습니다. 우선 노션 화면 왼쪽 상단에 있는 「Settings & members (설정과 멤버)」 메뉴로 들어갑니다. 그러면 다양한 설정 옵션이 보이는데, 그 중 「Language & region (언어 및 지역)」 메뉴를 클릭하세요.

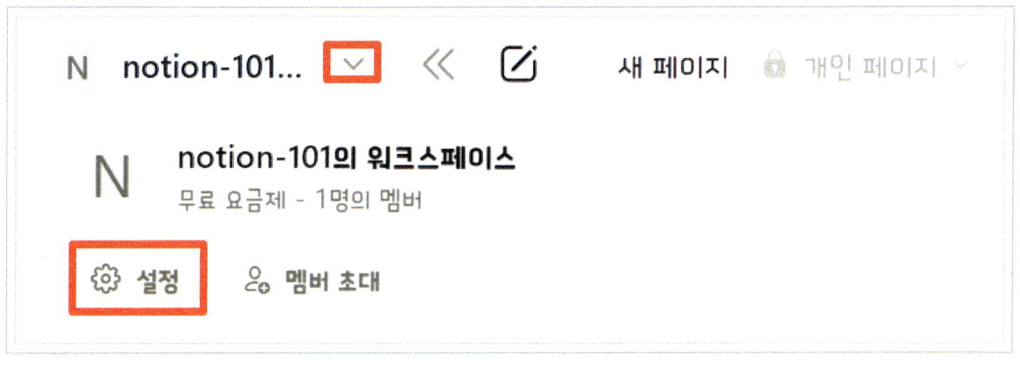

이 메뉴에 들어가면 언어를 바꿀 수 있는 옵션이 등장합니다. 기본 값은 영어(English)로 설정되어 있지만, 아래로 내려서 '한국어(Korean)' 를 선택하면 간단하게 언어 설정이 한국어로 변경됩니다.

② 노션 시작 페이지 설정으로 더 깔끔하게

노션에 처음 접속하거나 새 창을 열 때마다 항상 나타나는 페이지가 있습니다. 만일 특정한 페이지를 자주 사용하거나 첫 화면으로 지정하고 싶은 페이지가 있다면, 간단히 설정할 수 있습니다.

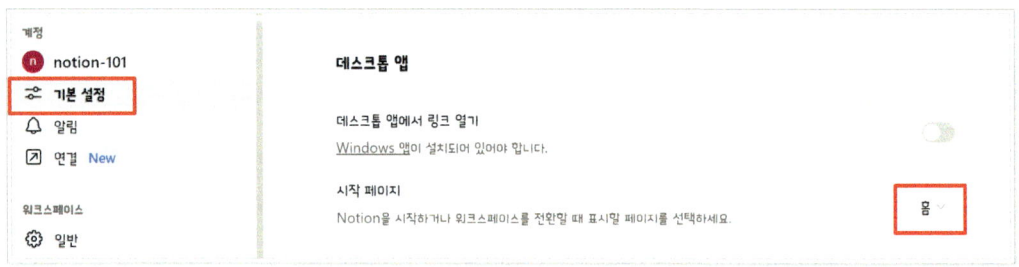

설정 메뉴에서 「내 알림 및 설정(My notifications & settings)」탭을 선택하면 「시작 페이지(Start page)」옵션이 보입니다.

시작 페이지는 홈, 마지막 방문 페이지, 사이드바 최상위 페이지 세 가지로 선택할 수 있습니다. 원하는 페이지를 선택하면 됩니다. 저자는 홈으로 선택 후 사용하고 있습니다.

③ 노션 테마 설정 (밝은 모드 / 어두운 모드 선택하기)

많은 소프트웨어와 앱을 사용할 때 가장 편리한 기능 중 하나는 바로 '테마 모드' 설정입니다. 노션도 밝은 모드와 어두운 모드를 지원하기 때문에, 상황과 취향에 맞게 선택 가능합니다.

기본 설정인 밝은 모드가 가장 일반적인 환경이지만, 장시간 작업 시 눈의 피로감이 있다면 어두운 모드도 좋은 선택입니다. 어두운 모드는 특히 밤에 사용하거나 오랜 시간 문서를 읽고 작업할 때 눈이 더 편안하다는 장점이 있습니다.

④ 워크스페이스 기본 설정 쉽게 알아보기 (추가 설정 팁)

워크스페이스 설정은 기본적인 환경을 구성하는 메뉴입니다. 워크스페이스 이름 변경부터 로고 이미지 업로드까지, 다양한 개인 맞춤화 옵션을 제공합니다.

노션의 개인 계정 설정을 먼저 확인해보겠습니다. 이곳에서는 이름을 바꿀 수 있고, 프로필 사진을 변경하고, 로그인할 이메일도 바꿀 수 있습니다.

개인 프로필 설정은 본인의 노션 계정 자체를 나타내는 프로필로서, 본인이 가입 시 만들어 사용하는 계정 전체의 대표 프로필을 의미합니다. 쉽게 말해, 노션 전체에서 나 자신(계정 사용자)을 나타내는 본인의 대표 프로필입니다.

활용되는 부분 및 표시 범위
- 내가 작성한 페이지들에 댓글을 달 때나 다른 사용자가 나를 @멘션(언급)할 때 나타나는 이름과 사진
- 여러 개의 워크스페이스에 참가할 경우 나를 식별하는 공통적인 프로필 이미지와 이름 역할
- 노션 계정을 공유하거나 다른 사람들과 협업할 때 나를 가장 기본적으로 나타내 주는 프로필

예를 들어, 김철수라는 사용자라면 이름을 '김철수'로 하고 본인의 얼굴 사진 혹은 자신을 나타내는 캐릭터나 아이콘을 개인 프로필 사진으로 설정하면, 어디서나 이 모습으로 프로필이 나타납니다.

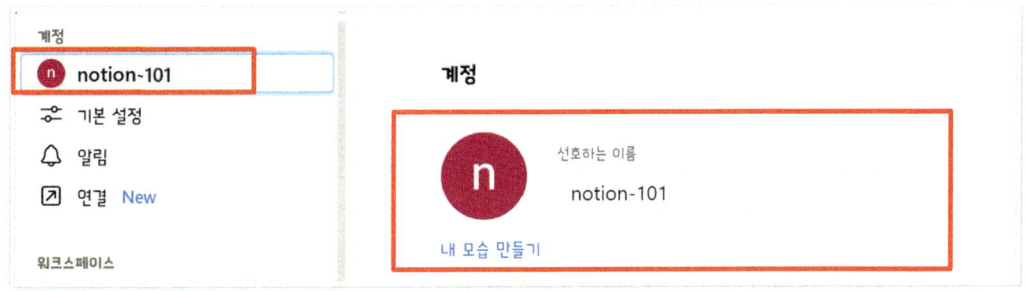

동그란 부분을 클릭하면 사진을 변경할 수 있고, 내 모습 만들기는 노션에서 제공하는 단순한 프로필을 직접 만들 수 있습니다. 선호하는 이름은 여러분의 닉네임을 작성하도록 합니다. 아래 이미지처럼 변경 된 것을 확인할 수 있습니다.

노션을 시작할 때 적용했던 이메일은 로그인 이메일이 됩니다. 변경하고 싶은 경우 이메일 변경을 선택 후 현재 이메일에 전송된 인증번호를 입력하고 새로운 이메일을 등록하여 사용할 수 있습니다.

노션을 처음 가입할 때 구글로 진행했기 때문에 대부분은 크롬에서 자동 로그인이 진행되지만 보안을 강화하고 싶다면, 노션에서 사용할 비밀번호를 추가하고 2단계 인증을 활성화 할 수 있습니다. 비밀번호는 최소 15자의 문자 또는 최소 5자의 문자와 숫자로 생성해야 합니다. 비밀번호를 설정하면 노션을 시작 할 때 비밀번호를 적용해야 사용이 가능합니다. 설정 후 불편함을 느꼈다면 비밀번호 변경을 클릭 후 하단에 있는 삭제 버튼을 클릭하면 됩니다.

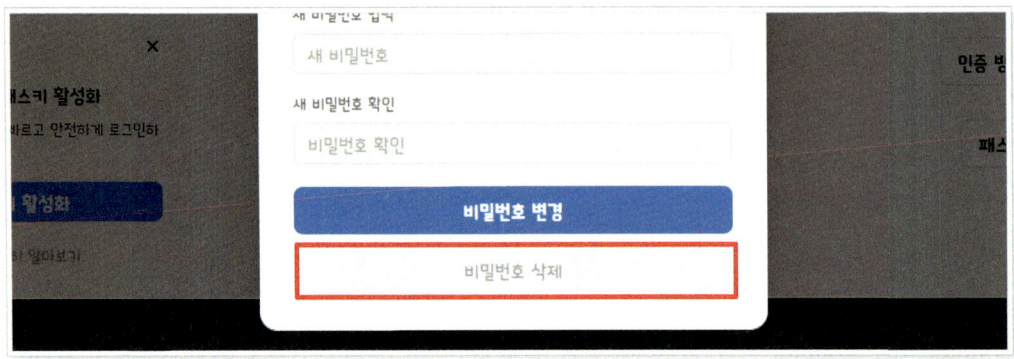

워크스페이스 설정은 개인 계정 설정의 아래쪽에 보면 확인할 수 있습니다. 톱니바퀴 아이콘이 있는 일반을 클릭합니다.

워크스페이스 프로필 설정은 특정 워크스페이스 내에서 나를 나타내는 '워크스페이스 전용 프로필'입니다. 즉, 여러 워크스페이스마다 다르게 표시할 수 있어서 특정 그룹이나 팀에서만 나타나는 이름과 사진 프로필이라고 볼 수 있습니다.

활용되는 부분 및 표시 범위
- 여러 워크스페이스마다 따로 개별 설정을 할 수 있기 때문에, 회사나 조직의 업무 환경과 개인적으로 사용하는 환경을 구분하여 이름과 사진 설정 가능

워크스페이스 내 구성원에게 내가 누구인지 쉽게 알려주기 위한 용도
- 업무, 동아리, 개인 등 여러 상황에 맞춰 프로필 이미지를 달리 지정 가능 (워크스페이스마다 별도의 이름과 이미지 사용 가능)

예를 들어, 업무용 워크스페이스 내에서 이름을 '마케팅팀 김철수 과장'으로 바꾸고 회사 로고나 업무 컨셉에 적합한 공식적인 느낌의 사진을 사용하고, 개인용 워크스페이스에서는 별명을 사용하거나 자유롭고 편안한 이미지로 설정할 수 있습니다.

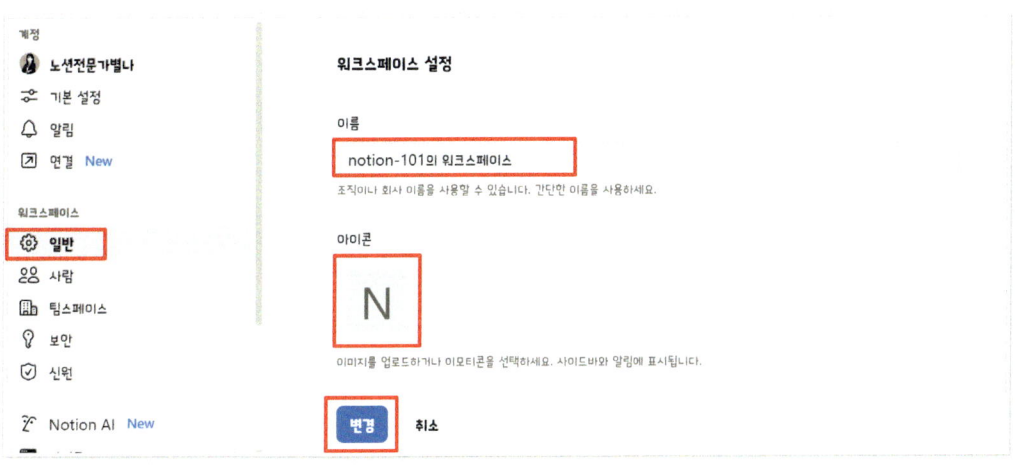

워크스페이스 아이콘 또는 로고를 나만의 취향대로 설정하면 더욱 친근한 느낌으로 사용할 수 있습니다. 예를 들어 개인 프로젝트 관리 워크스페이스의 경우에는 귀여운 캐릭터나 심플한 아이콘을 설정할 수 있고, 회사에서 사용하는 워크스페이스라면 회사의 로고를 사용하면 더욱 프로페셔널한 분위기를 연출할 수 있습니다.

마지막으로 팀스페이스를 만드는 방법을 알려드리겠습니다. 개인 페이지는 별도의 설정이 없어도 바로 사용가능하지만 팀스페이스는 그룹을 만들어서 사용해야합니다.

원하는 이름과 아이콘을 선택하고 설명은 건너뛰기 하셔도 됩니다. 사용권한을 공개로 하고 팀스페이스를 만듭니다. 혼자서 사용하기 때문에 공개로 해도 자료 노출에 위험은 없습니다. 이후에 보이는 멤버 추가는 건너뛰기를 하셔야 합니다.

사용자가 페이지를 게시하고 링크를 제공하는 순간부터 공개됩니다. 팀스페이스를 만들면 노션 사이드바에 팀스페이스 공간이 생기면서 만든 팀 페이지를 확인할 수 있습니다. 우측에 보이는 「···」점 세개를 클릭하면 팀 스페이스의 이름 등을 수정할 수 있습니다. 팀스페이스는 삭제되지 않으며 보관만 가능합니다.

보관된 팀스페이시는 설정 -> 워크스페이스 -> 팀스페이스에서 찾을 수 있습니다.

💡 환경 설정 추가 팁 및 주의할 점

　노션 환경설정은 언제든지 자유롭게 변경할 수 있습니다. 그러나 너무 자주 바꾸면 익숙하지 않고 오히려 불편해지기 때문에, 기본적인 설정(언어, 테마, 시작 페이지)은 한 번 설정한 후 일정시간 동안은 그대로 유지해 사용하는 편이 더욱 좋습니다.

　노션에 익숙해지고 난 후에는 필요에 따라 추가로 조정해 나가는 쪽이 더 효율적입니다. 처음부터 많은 옵션을 변경하기보다는 기본적인 환경설정(한국어 설정, 자주쓰는 페이지 설정, 테마 설정) 정도로 시작하고 조금씩 본인의 활용 스타일에 따라 맞춰가시길 추천합니다.

　축하합니다! 이로써 여러분은 노션의 가장 기초적인 환경설정을 모두 마쳤습니다. 이제 본격적으로 노션의 핵심 기능인 페이지와 블록 작성법을 다룰 준비가 끝났습니다. 다음 장에서는 노션의 필수 기능, '블록과 페이지 작성 및 관리법'을 본격적으로 다뤄보겠습니다.

PART 2

페이지와 블록 완벽 **마스터** 하기

2-1. 기본 블록 활용법 알아보기
2-2. 페이지 구성 및 관리 완벽 정리
2-3. @멘션과 '/'명령어 활용법

2-1. 기본 블록 활용법 알아보기

노션을 잘 활용하려면 "블록(Block)"의 개념을 정확히 이해해야 합니다. 왜냐하면 노션의 모든 콘텐츠는 바로 이러한 블록 단위로 구성되어 있고, 블록을 잘 이해하면 노션 사용이 즐겁고 효율적으로 바뀌기 때문입니다. 이제 가장 자주 쓰이는 기본 블록들을 하나씩 직접 사용하면서 자연스럽게 익혀보겠습니다.

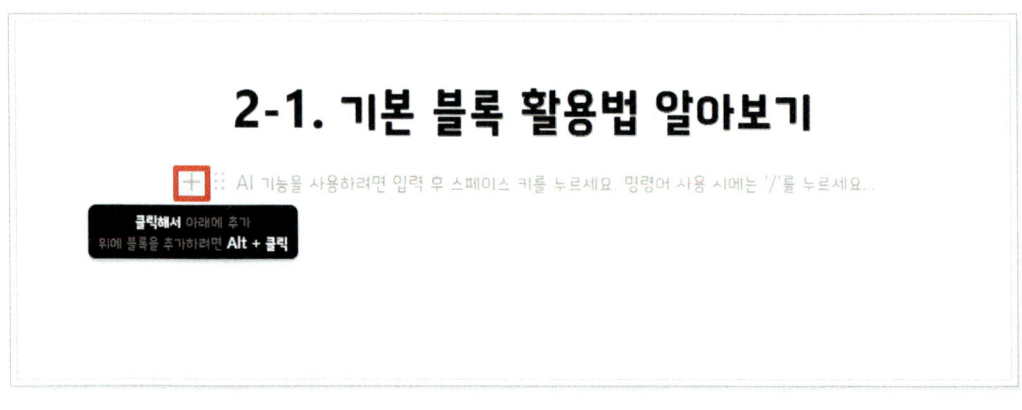

① 텍스트 블록과 제목(헤딩) 블록 작성법

노션에서 가장 기본적이고 자주 사용하는 블록은 바로 『텍스트 블록』과 『제목 블록』입니다. 텍스트 블록은 일반적인 글 본문을 쓰는 공간으로, 다른 메모나 문서 프로그램과 사용법이 거의 동일합니다.

『제목(헤딩, Heading) 블록』은 문서의 구조를 만들거나 강조하고 싶은 내용을 표현할 때 주로 씁니다. 제목 블록은 총 3가지 크기로 제공됩니다.

- 큰 제목(H1)
- 중간 제목(H2)
- 작은 제목(H3)

입력 방법은 매우 간단합니다. 블록을 시작할 때 /키와 함께 '제목'을 입력하거나 키보드 단축키로 제목 크기를 지정할 수 있습니다. 처음이신 분들은 앞쪽에 +버튼으로 블록을 찾아서 클릭 후 활용할 수 있습니다.

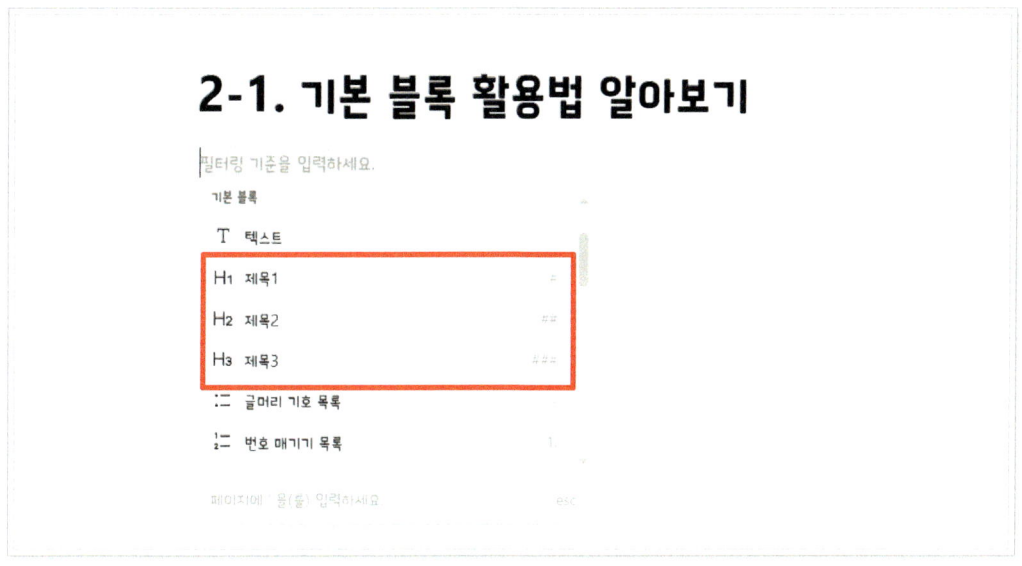

노션은 폰트를 크기별로 적용할 수 없습니다. 큰 글씨를 활용하여 돋보이게 작성하고 싶다면 제목 1,2,3 블록을 활용해야 합니다.

예시를 들어 볼까요? 여행 계획을 노션에서 정리하려고 한다면,

- 큰 제목(H1): 여행 계획
- 중간 제목(H2): 준비물 체크
- 작은 제목(H3): 의류 및 필수품

이런 식으로 작성하면 문서 구조가 깔끔하게 정리되어 읽기 쉬워집니다.

제목 1, 2, 3 블록을 활용하면 우측에 줄 세 개에 마우스를 가져가면 자동으로 노션에서 목차를 생성해주니 참고합니다. 제목 1을 기준으로 계단식으로 적용되는 것을 확인할 수 있습니다. 이 부분은 페이지 설정 관리에서 조금 더 자세히 학습하도록 하겠습니다.

② 글머리 리스트와 체크리스트로 깔끔하게 정리하기

노션은 목록 형태의 "리스트"를 매우 편리하게 제공합니다. 글머리 리스트(bullet list)는 주요 항목을 나열할 때 유용하고, 체크리스트(checklist)는 완료했거나 미진행

상태를 체크(✔)할 수 있기 때문에 특히 일정 관리나 할 일 관리에 유용합니다. 사용 방법도 아주 쉽습니다.

- 글머리 기호 : 블록을 클릭하고 /글머리 를 선택하여 만들 수 있습니다.
- 할일 목록 : 블록을 클릭 후 /할일 을 입력하면 만들 수 있습니다.
- 번호 매기기 : 블록을 클릭 후 /번호 를 입력하면 만들 수 있습니다.

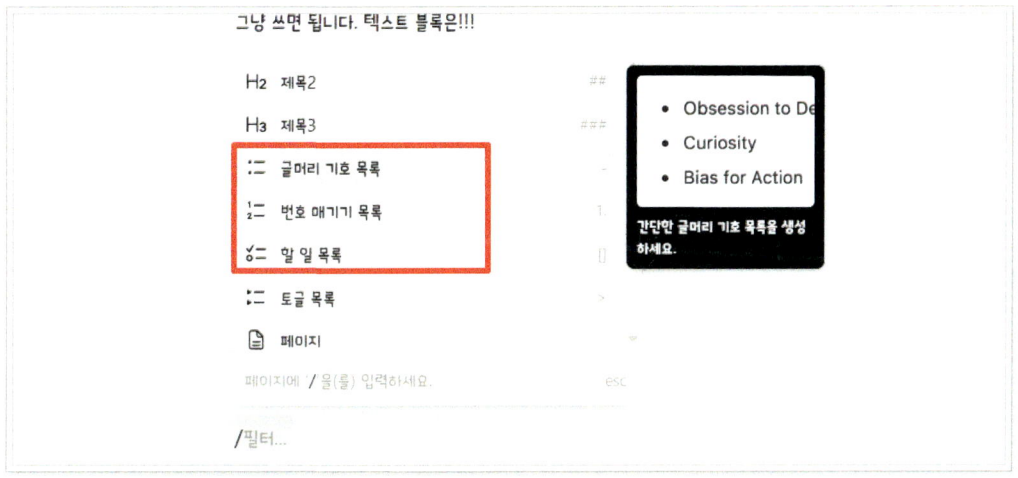

예를 들면, 체크리스트로 오늘의 할 일을 리스트업하고 간단히 체크로 완료 표시할 수 있습니다.

- 보고서 제출
- ☐ 운동하기
1. 친구 만나기

체크리스트, 번호, 할일 등은 들여쓰기 및 내어쓰기를 할 수 있습니다. 이 과정은 단축키를 익혀두면 편리하게 진행할 수 있습니다.

들여쓰기는 Tab 키를, 내어쓰기는 Shift + Tab 키를 누르면 됩니다. 작업을 하면서 필요에따라 사용하도록 합니다. 혹시 단축키 사용이 어렵다면 마우스로 드래그 앤 드롭으로 적용시킬 수 있습니다. 예를들어 리스트를 내어쓰기 하고 싶다면 동일 리스트 작업분의 블록을 마우스로 클릭 후 내어쓰기 하고 싶은 상위 리스트로 이동 시키듯 끌어 당겨주시면 됩니다.

기본 블록만으로도 노션을 사용함에 있어 불편함이 없도록 다양한 블록이 제공되고 있으니 주제를 정해놓고 텍스트부터 시작해서 하나씩 활용해보도록 합니다.

③ 토글 블록과 구분선 블록으로 정보를 더욱 편리하게!

많은 양의 정보를 정리할 때는 『토글 블록』을 사용하면 깔끔하게 정리할 수 있습니다. 토글 블록은 클릭하면 내용을 펼치거나 접을 수 있는 형태입니다. 토글은 일반 토글도 있지만 제목 1.2.3 토글로도 전환해서 활용할 수 있습니다. 노션을 사용하면서 토글과 구분선은 가장 많이 사용하는 블록이니 꼭 학습하시기 바랍니다.

유용한 사용 예시는 '자문자답' 형태나, 내용을 숨겨두고 클릭했을 때 보여주고 싶은 상황입니다. 노트를 구성하면서 자주 활용하게 될 것입니다.

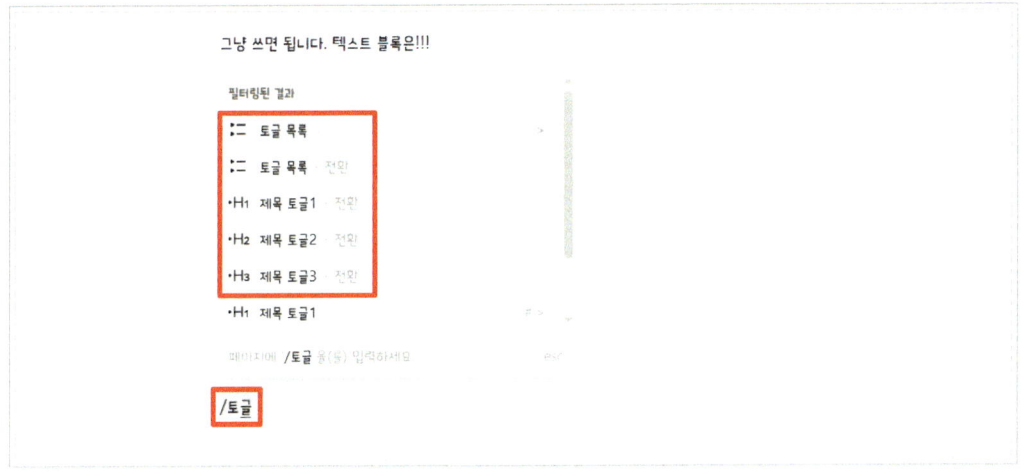

▶ 클릭하면 정답이 나타납니다. ▶ "정답: Notion 블록입니다."

▶ 클릭하면 정답이 나타납니다.

> **▼ 클릭하면 정답이 나타납니다.**
> 정답은 노션 블록입니다.

노션은 이런 일반적인 토글에 더하여 '제목 형태의 토글'도 지원합니다. 「제목1 토글」, 「제목2 토글」, 「제목3 토글」 등 총 3가지 크기의 제목 형태 토글 블록을 활용할 수 있으며, 일반 제목(H1, H2, H3)과 같이 페이지 내의 구조나 계층을 더 명확하게 나타낼 수 있습니다.

✔ 토글 블록의 장점

- 많은 정보와 복잡한 페이지를 깔끔하고 직관적으로 관리 가능
- 필요에 따라 선택적으로 정보를 펼쳐볼 수 있어, 페이지를 간결하고 보기 쉽게 유지
- 노트 정리, 초기 학습 자료 제작, FAQ 형태의 문서 제작 등에 매우 유용
- 제목 형태의 토글을 이용하면 문서의 계층 구조를 더욱 명확히 표현함

✔ 토글 블록의 단점

- 토글 내에 감추어진 내용은 한번에 검색하거나 빠르게 스캔하기 어려움
- 콘텐츠가 너무 복잡한 경우 토글 속에 중요한 정보가 숨겨져 있어서 놓칠 수도 있음
- 토글 구조가 깊어지면 정보 접근성이 떨어질 수 있고 관리가 복잡해질 수 있음.

제목 토글의 종류와 차이점

토글 타입	사용법	활용 예시
제목1(H1)	페이지 최상위 큰 제목에 사용하여 매우 강조되는 내용에 활용	▶ 1장 노션 사용법 (클릭하면 세부 목차와 설명이 나타남)
제목2(H2)	주요 주제 아래에서 보조 목차나 좀더 구체적인 내용을 표현할 때 효과적	▶ 1-1 노션 가입 및 설정하기 (클릭하면 이미지와 설명글이 나타남)
제목3(H3)	더욱 상세한 세부 정보를 깔끔하게 내용을 구성할 때 적합	▶ 노션 계정 이름 변경하는 방법 자세히 보기 (클릭하면 구체적 설명과 캡쳐화면이 나타남)

토글 블록은 가장 많이 사용하는 기능 중 하나입니다만, 초보자라면 많은 토글을 한 번에 사용하기보다는 처음에는 소수의 주요한 내용만 사용하여 습관을 들이는 게 가장 좋습니다. 대다수 페이지는 제목2 또는 제목3의 토글만으로 충분히 깔끔하고 명확하게 정리할 수 있습니다.

『구분선 블록』은 내용 사이에 깔끔한 경계선을 주어 페이지의 구성을 정리하는 데 유용합니다. /구분선 이라고 입력하면 페이지 내 중요 구분 선을 간편히 삽입할 수 있습니다.

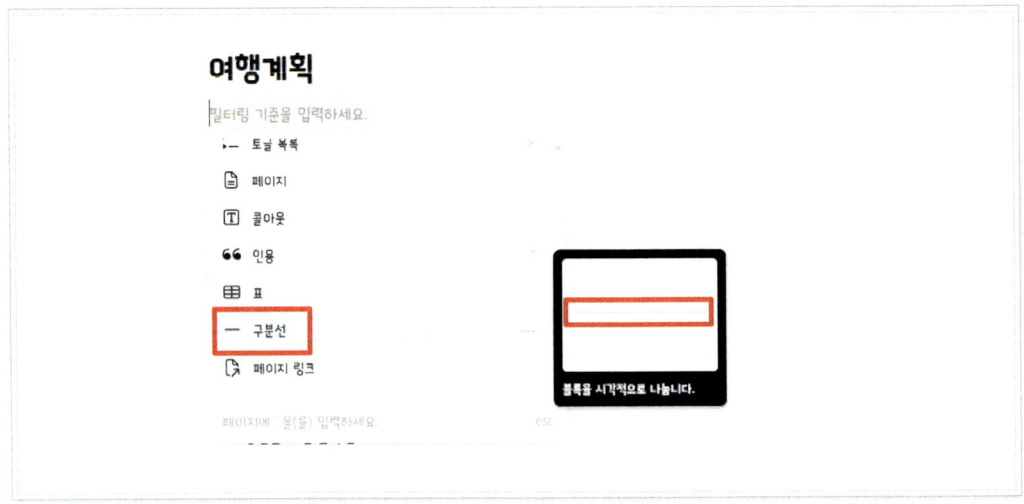

노션 페이지에는 다양한 자료를 첨부하면서, 다양한 블록을 활용하여 페이지를 완성해갑니다. 단락을 구분하고 싶을 때에는 구분선 블록을 활용하여 가독성을 높여주는 것이 좋습니다.

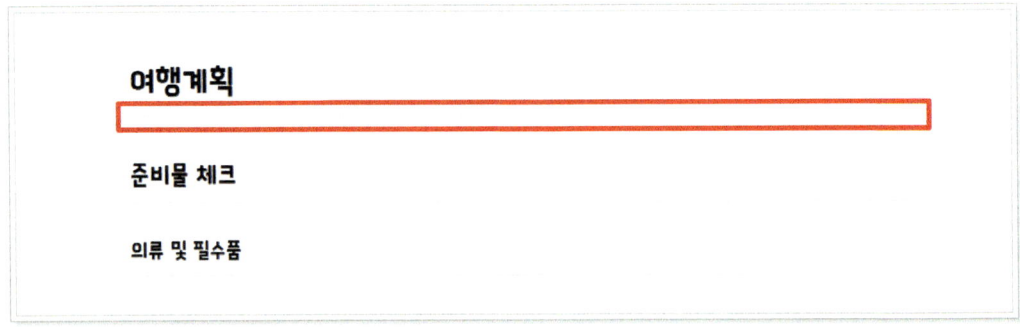

④ 콜아웃(callout) 블록의 활용과 이모지 변경 방법 및 제거법

『콜아웃 블록』은 특별히 독자의 주의를 환기시키거나 중요한 내용을 강조할 때 유용한 블록입니다. 가벼운 메모, 중요한 공지사항, 경고 등 다양한 용도로 자주 쓰입니다.

콜아웃 작성 방법은 /콜아웃 입력 후 내용을 쓰면 간단하게 완성할 수 있습니다. 처음 만들 때는 전구 모양의 이모지가 기본적으로 표시됩니다. 이모지를 클릭하면 원하는 다른 이모지로 변경할 수 있고, 이모지를 제거하고 싶을 때는 콜아웃 블록 설정에서 '이모지 제거'를 선택하여 더욱 깔끔하게 구성할 수도 있습니다.

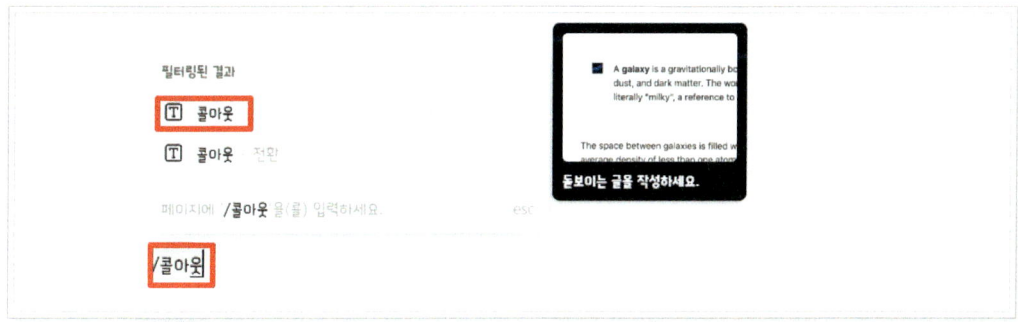

예시) 주의할 점을 이렇게 강조하기 편합니다.
💡 노션에서 페이지를 삭제하면 휴지통으로 이동되지만 …

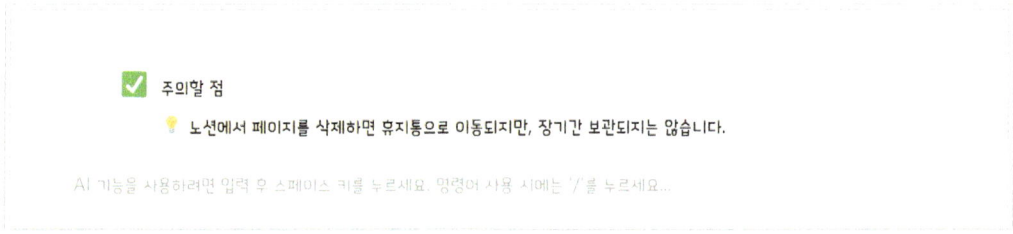

『콜아웃 블록』은 색상을 변경할 수 있습니다. 콜아웃 블록 앞쪽에 마우스를 가져가면 점 6개가 보입니다. 클릭하면 하단에 "색" 이라는 메뉴가 있습니다. 배경 색상 및 텍스트 색상을 변경할 수 있습니다. 주의할 점은 배경색을 변경 후 텍스트를 변경하면 배경색은 기본 투명으로 자동으로 바뀌면서 텍스트 색상이 변경되니 참고하도록 합니다.

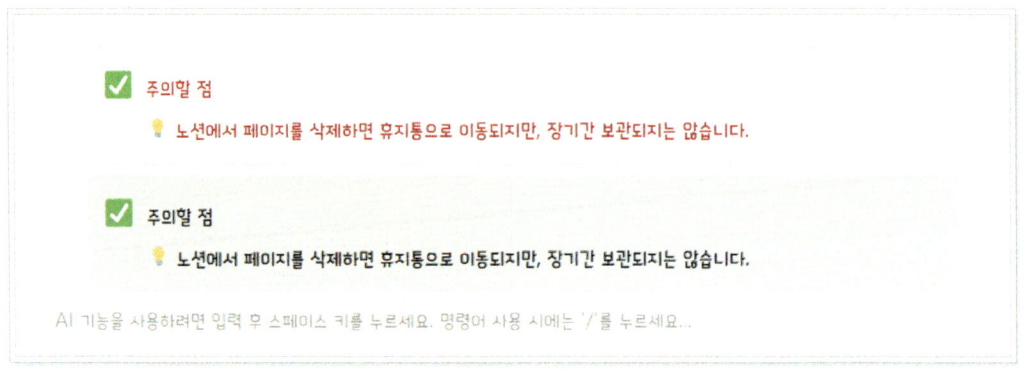

『콜아웃 블록』을 생성하면 자동으로 아이콘이 생성됩니다. 첫 생성에는 전구 모양이 보이지만 두 번째 생성부터는 이전에 사용했던 아이콘이 보이게 됩니다. 하지만 콜아웃 블록을 아이콘 없이 사용하고 싶은 경우도 있습니다. 과거에는 투명 아이콘을 다운받아서 사용했지만 현재는 아이콘 제거가 가능하니 참고합니다. 콜아웃에 있는 아이콘을 클릭하면 화면이 생성되고 상단에 "제거"를 클릭하면 됩니다.

콜아웃 블록에서 아이콘을 삭제 후 다시 활성화하고 싶다면 콜아웃 블록 앞에 마우스를 가져가고 점 6개를 선택 후 아래의 "아이콘"을 클릭하면 다시 활성화됩니다.

💡 효과적인 블록 활용 추가 팁

노선에서 블록을 잘 쓰려면 처음에는 단순한 양식부터 천천히 활용해보는 것이 가장 좋습니다. 다양한 블록을 한 번에 사용하기보다는 가장 자주 쓰게 될 '텍스트', '제목', '체크리스트' 위주로 문서를 작성하다가 점점 다양한 형태의 블록을 사용해보세요. 그러다보면 노션 사용이 점점 익숙하고 즐거워집니다.

불필요한 블록이 있으면 블록 왼쪽의 메뉴를 통해 언제든 쉽게 삭제하거나 이동 및 변경할 수 있으니, 초기에 걱정하지 않고 자유롭게 시도해보는 것도 좋겠습니다. 다음 장에서는 페이지 내부를 더욱 효과적으로 구성할 수 있는 구체적 관리법을 추가적으로 배워보겠습니다.

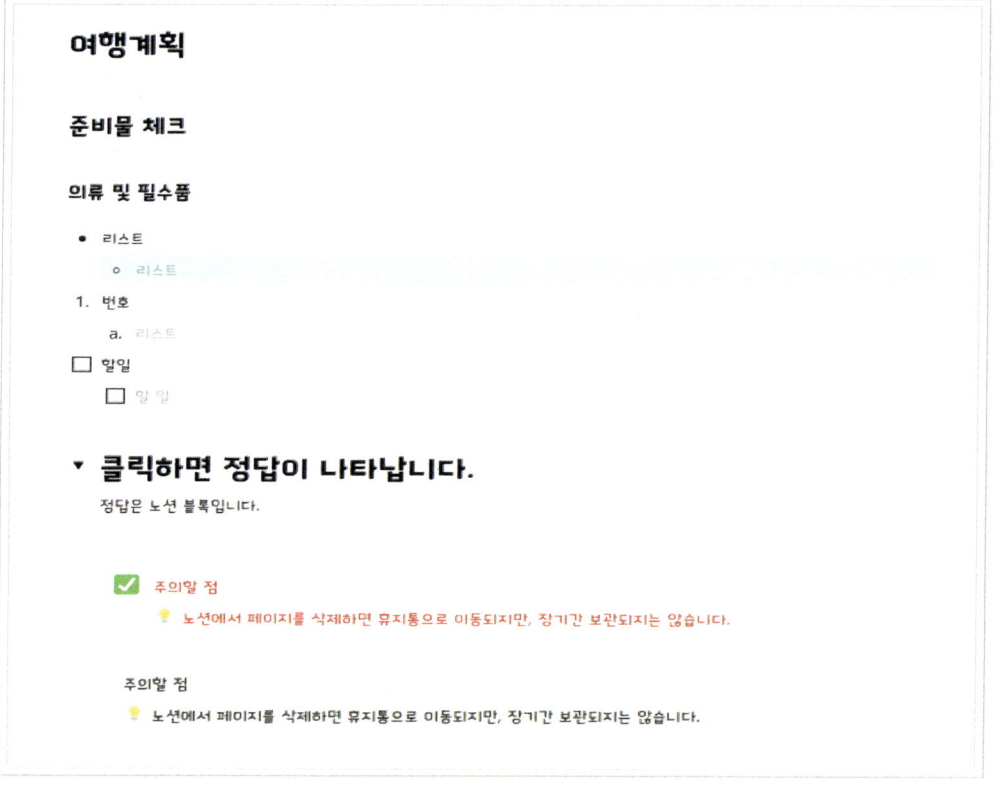

2-2. 페이지 구성 및 관리 완벽 정리

앞서 배운대로 노션의 블록(Block)은 하나의 페이지(Page)를 구성하는 최소 단위이며, 이런 블록을 모아 페이지를 만들고 체계적으로 관리하는 것이 노션 활용의 핵심입니다. 노션의 효율성을 높이려면 페이지를 체계적으로 구성하고 관리하는 방법을 충분히 이해하는 것이 아주 중요합니다. 본 장에서는 페이지 생성부터 하위 페이지 관리, 페이지를 효과적으로 활용하는 방법 등 노션의 핵심 콘텐츠 관리 기술을 상세히 정리합니다.

1. 노션 페이지 기본 개념과 생성 방법

- 페이지(Page)란 무엇인가요?

노션에서 '페이지'란 문서(Document) 또는 폴더(Folder)와 같은 역할을 하는 것으로, 특정 주제를 중심으로 여러 블록들을 체계적으로 관리할 수 있는 가장 기본적인 문서 단위입니다. 페이지는 문서뿐 아니라 이미지, 표, 링크, 동영상 등 다양한 형태의 콘텐츠도 자유롭게 포함할 수 있습니다.

예를 들어, 직장에서 '주간회의록'을 생성해서 그 안에서 텍스트나 체크리스트 형태로 회의 내용을 정리하거나, 개인적으로 '독서노트' 페이지를 만들어 독서 소감 및 요약을 메모할 수 있습니다.

- 페이지 생성하기

노션에서 페이지를 생성하는 방법은 크게 두 가지 입니다. 첫 번째 방법은 사이드바에서 페이지 추가, 생성된 페이지 내에서 페이지 추가 하는 방법입니다. 첫 번째 페이지는 상위 페이지이며, 두 번째 페이지는 하위 페이지라고 말합니다.

개인 페이지, 팀스페이스 어떤 워크스페이스라도 새로운 페이지 추가는 방법이 동일합니다. 페이지를 추가하면 작업 전에는 꼭 제목은 입력해야합니다.

페이지 작업을 하다보면 페이지 안에 연결되는 내용이 다른 페이지로 이동하게 정리할 필요가 있는 경우가 있습니다. 이럴때에는 블록에 있는 페이지를 활용합니다.

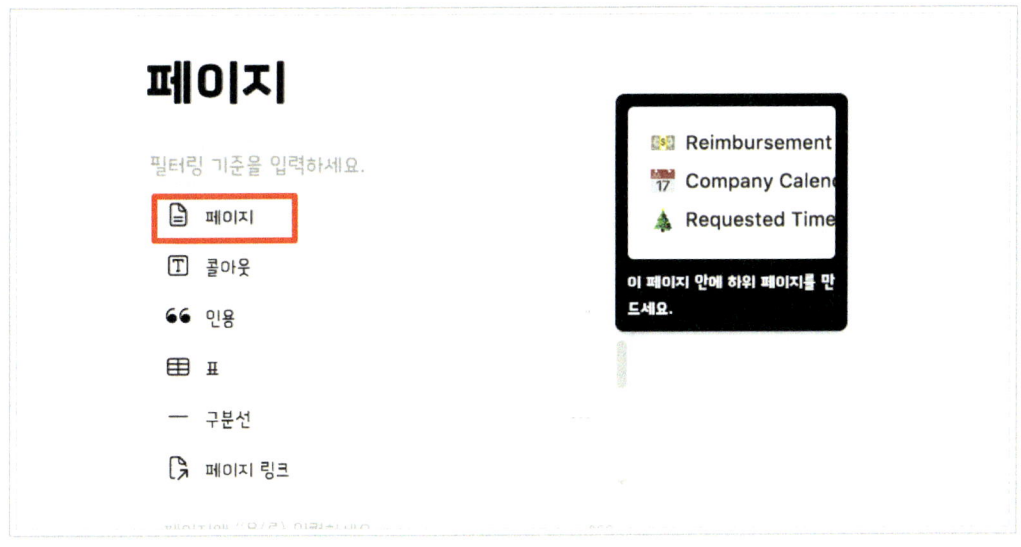

2. 하위 페이지(Sub-page)를 이용한 계층적인 페이지 관리

페이지를 정리할 때 효과적인 방법이 바로 '하위 페이지(sub-page)' 개념입니다. 페이지 내부에 또 다른 페이지를 만들어 정보의 층위를 구성할 수 있습니다.

📌 회의록 (메인 페이지)
    ├── 주간 회의 (하위 페이지)
    ├── 월간 정기회의 (하위 페이지)
    └── 분기별 전략회의 (하위 페이지)

2025년 5월 10일 회의록

📄 주간 회의
📄 월간 정기 회의
📄 분기별 전략 회의

AI 기능을 사용하려면 입력 후 스페이스 키를 누르세요. 명령어 사용 시에는 '/'를 누르세요...

이러한 구조는 각 페이지의 목적과 정보를 보다 직관적으로 분류하고 관리하는 데 큰 도움을 줍니다. 페이지를 만드는 방법을 배웠으니 페이지에서 활성화 할 수 있는 다양한 기능을 배워보겠습니다. 페이지 우측 상단에는 점 세개「・・・」메뉴를 볼 수 있습니다. 이곳에서 전체 폰트 모양, 복제 및 다양한 기능을 확인할 수 있습니다. 현재 베타버전으로 제공되는 기능들은 사용자마다 조금씩 다를 수 있습니다.

점 세개「···」메뉴를 클릭하면 사이드에 패널이 열립니다. 다양한 기능들이 있지만 몇 번만 사용하면 쉽게 사용할 수 있습니다. 하나씩 알아보도록 하겠습니다. 페이지에서 활성화된 기능들은 페이지마다 설정이 필요하니 참고합니다. 한 번 설정했다고 전체 페이지가 수정되지는 않습니다.

1. 폰트 스타일 변경 (기본, 세리프, 모노)

노션에서는 「기본」, 「세리프(Serif)」, 「모노(Mono)」 3가지 폰트 스타일을 페이지별로 자유롭게 선택할 수 있습니다.

「기본」: 가장 널리 쓰이고 익숙한 노션의 기본 글씨체
「세리프」: 약간 고전적이고 따뜻한 느낌의 글씨체 (책이나 문서에 자주 활용)
「모노」: 코딩, 기술 문서 등 깔끔한 느낌의 글씨체

2. 페이지 링크 복사

현재 페이지의 URL(링크)을 복사해 다른 사용자와 공유하고 페이지로 바로 이동하도록 할 수 있습니다.

3. 페이지 복제(Duplicate)

페이지 전체를 빠르고 간편하게 복사하는 기능입니다. 빠르게 틀을 유지하며 여러 문서를 만드는 데 유용합니다.

4. 페이지 옮기기 (Move)

페이지의 위치나 상위 페이지를 변경할 때 사용합니다. 간편히 페이지를 정리할 수 있습니다.

5. 휴지통으로 이동 (삭제)

사용하지 않는 페이지를 삭제하여 휴지통으로 이동합니다.

삭제된 페이지는 바로 사라지는 게 아니라 휴지통으로 저장되고, 필요하면 복원이 가능합니다. (휴지통에서 삭제시 영구삭제)

6. 작은 텍스트(Small Text)

페이지의 글자 크기를 조금 작게 바꾸어 한 화면 안에 더 많은 정보가 보이도록 설정합니다.

7. 전체 너비(Full Width)

콘텐츠의 가로 폭을 넓혀 페이지 공간을 폭넓게 활용할 수 있는 기능입니다. 넓은 표, 이미지를 작성할 때 유용합니다.

8. 페이지 사용자 지정 (백링크, 페이지 댓글, 목차, 인라인 댓글)

『페이지 사용자 지정』메뉴를 사용하면 아래 요소를 손쉽게 켜고 끌 수 있습니다.

- 백링크 : 이 페이지를 링크한 다른 페이지들을 하단에 보여주는 기능
- 페이지 댓글 : 전체 페이지 하단의 댓글 기능 활성화
- 목차 : 페이지 내 제목 블록들을 기준으로 목차 생성
- 인라인 댓글 : 페이지 내 텍스트 블록마다 댓글 추가 가능

9. 페이지 잠금(Lock Page)

페이지 내용을 실수로 수정하지 못하도록 잠그는 기능입니다. 보안을 위해 유용한 기능입니다.

10. 편집 제안(Suggest Edits)

다른 사용자가 페이지 내용을 직접 수정하지 않고 제안만 하게끔 설정하는 협업용 기능입니다. 팀 문서 작업 시 유용하게 사용됩니다.

11. 번역 (Translate)

페이지 내 내용을 다른 언어로 자동 번역하는 기능입니다. 글로벌 협업 시 편리한 기능입니다.

12. 실행취소 (Undo)

최근 작업한 페이지 수정 사항을 되돌리기(취소) 합니다. 단축키: 「Ctrl+Z」(윈도우) 또는 「Cmd+Z」(맥) 를 사용해 빠르게 실행 취소 가능

13. 가져오기(Import)

다른 프로그램에서 작성한 파일 혹은 기존 데이터를 노션 페이지로 가져옵니다. (Word, Excel, 구글독스 등)

14. 내보내기(Export)

노션 페이지를 PDF, HTML, Markdown등 다른 파일 형식으로 내보낼 수 있습니다.

15. 위키로 전환 (Turn into Wiki)

노션 페이지를 위키 형식으로 전환하여, 깔끔하고 효율적인 지식 관리 및 협업 가능하도록 구성합니다. 페이지 접근성 및 탐색이 편리해집니다.

16. 업데이트와 애널리틱스 (Updates & analytics)

페이지의 최근 업데이트 기록, 페이지 방문자의 통계(조회수) 등 페이지에 대한 다양한 분석 정보를 볼 수 있습니다.

17. 버전기록 (Page history / Version history)

페이지의 이전 버전을 확인하고 복원할 수 있는 강력한 기능입니다. 페이지의 모든 변경 사항을 기록하고 복구가 가능합니다.

18. 알림받기 (Follow page)

페이지 변경사항이 있을 때마다 실시간 알림을 받을 수 있도록 설정하는 기능입니다.

3. 페이지를 빠르게 검색 및 접근하는 방법 심화 알아보기

페이지 수가 많아지면 필요한 페이지를 빠르게 찾는 기능이 중요해집니다. 노션은 두 가지 주요 기능을 제공합니다.

즐겨찾기 활용하기(빠른 접근 설정법)

① 자주 쓰는 페이지에 마우스를 올리고 나타난 별표(★)를 클릭합니다.

② 사이드바 상단의 '즐겨찾기'에 페이지가 추가됩니다.

③ 자주 보는 페이지들만 모아 관리하고 편리하게 이동할 수 있습니다.

예시: 매일 아침 열어보는 '오늘의 할 일' 페이지나 '주간 일정표'를 즐겨찾기에 추가하면 클릭 한번으로 매우 빠르게 접근 가능합니다.

노션의 강력한 검색 기능 사용하기 (빠른 찾기)

① 키보드에서 단축키 [Ctrl+P(윈도우) 또는 Cmd+P(맥)] 키를 누릅니다.

② 나타난 검색 바에 찾고 싶은 페이지, 키워드, 또는 이름을 입력합니다.

③ 해당 페이지로 바로 이동하여 빠르게 업무를 처리합니다.

4. 페이지 삭제와 복원, 영구삭제 까지 알아보기

페이지 삭제하는 방법과 주의할 점

페이지 우측 상단 「…」를 클릭하면 나타나는 메뉴에서 '삭제(delete)'을 누른 후 휴지통으로 이동합니다.

삭제된 페이지 복원 방법

페이지를 삭제하면 즉시 완전 삭제되는 게 아니라 노션의 「휴지통」으로 이동합니다. 복원하려면 휴지통에 들어가 원하는 페이지를 선택한 후 '복원(restore)' 버튼으로 원래 페이지 위치로 되돌릴 수 있습니다.

영구 삭제주의!

휴지통에서 페이지를 한번 더 삭제하면(영구삭제 옵션 선택 시) 영구적으로 사라져 복원이 불가능하니 주의가 필요합니다.

요약 정리 및 페이지 관리 체크포인트

① 페이지 기본생성부터 하위 페이지를 만들어 계층적으로 정보를 관리하기
② 페이지를 마우스로 간편히 이동하거나 재구성하여 효율적으로 관리하기
③ 자주 쓰는 페이지는 '즐겨찾기' 기능을 이용하여 빠르게 접근하고 활용하기
④ 빠른 검색기능으로 원하는 정보를 한 번에 찾기
⑤ 페이지 삭제 및 복원은 신중히 하고, 특히 영구 삭제 시 주의하기

2-3. @멘션과 '/'명령어 활용법

@멘션'과 '/' 명령어 기능들은 실제 업무나 일상적인 기록에서 가장 자주 사용되는 기능입니다. 노션을 처음 사용할 때는 '굳이 사용해야 하나?' 하는 생각이 들 수 있지만, 실제 활용해보면 그 편리함과 효율성에 금방 익숙해질 수 있습니다. 이번 챕터 후반부에서는 조금 더 자세한 실전 사례와 함께, 각각의 기능들을 다시 명확히 정리하며 마무리해 보겠습니다.

● @멘션을 업무에서 유용하게 활용하기

'@멘션' 기능은 페이지, 사람, 날짜 등을 빠르게 연결하거나 알림을 실행할 때 특히 유용합니다. 실제 업무 환경에서는 다음과 같은 상황에서 매우 자주 쓰입니다.

예를 들어, 내가 관리하는 「프로젝트 일정 페이지」에서 구체적으로 업무를 담당하는 사람과 마감 기한을 지정하고자 할 때가 있습니다. 그럴 때는 아래의 방법으로 쉽고 빠르게 사용 가능합니다.

주간 회의

@노션전문가별나 님께서는 주간회의 문서를 작성하여 @내일 오전 9:00 ⏰ 까지 업로드해주세요.

AI 기능을 사용하려면 입력 후 스페이스 키를 누르세요. 명령어 사용 시에는 '/'를 누르세요...

이렇게 입력하면 자동으로 명확한 업무가 할당되며, "내일오전 9:00" 날짜 형태로 깔끔하게 표기됩니다. 이때 언급된 사람에게는 바로 알림이 전달되어,

효과적으로 협업할 수 있게 됩니다. 노션에서 사람을 멘션하고 싶다면, 워크스페이스에 게스트 또는 멤버로 초대가 되어있는 경우에만 가능합니다. @를 입력 후 사람을 선택하거나 게스트로 초대 후 진행할 수 있습니다.

@ 기능은 리마인더 기능도 있습니다. 날짜에서 오늘을 선택 후 클릭하여 달력에서 날짜 및 시간을 변경할 수 있습니다. 알림은 로그인 된 모바일, 노션 웹, 이메일 등 다양하게 받을 수 있습니다.

만약, 작성 중인 '주간회의' 페이지에서 이전에 작성된 '지난 주 주간회의' 페이지를 참고자료로 링크하고 싶다면 다음과 같이 쓰면 됩니다.

"지난 주 회의 자료는 @2025년 5월5일 회의록 문서를 참고해주세요."
이렇게 페이지 제목을 입력하면 자동으로 해당 페이지 연결(링크)이 생성됩니다. 사용자는 번거롭게 페이지를 따로 찾지 않고 바로 넘어갈 수 있습니다.

페이지 링크를 선택하면 이동링크가 자동으로 생성되기 때문에 검색하여 자료를 찾을 필요가 없습니다. @ 는 다양한 기능이 있으니 하나씩 사용해보면서 익숙해져야 합니다.

● 슬래시 '/' 명령어로 페이지 빠르게 구성하기

노션을 능숙하게 사용한다고 평가받는 사람들의 공통점 중 하나는 「슬래시 명령어」를 적극 활용한다는 것입니다. 갑자기 팀원들과 회의를 하거나 아이디어를 기록할 때, 혹은 급하게 페이지를 구성해야 할 때 이 '/' 기능은 정말 탁월한 생산성을 제공합니다.

쉽게 따라할 수 있는 실전 활용 사례를 예로 들어 봅시다.

만약 「매주 회의록」 페이지를 구성한다고 생각해 보겠습니다. 빈 페이지를 연 후 다음과 같은 방법으로 입력하면, 어렵지 않게 빠른 시간 안에 페이지를 깔끔하게 완성할 수 있습니다.

먼저 큰 카테고리를 만들기 위해 큰 제목을 추가합니다.
- /제목1 주간 팀 회의록

바로 엔터를 누르면 큰 제목(H1)이 생기게 됩니다.

다음은 세부 카테고리를 소제목으로 나눠 구성해 봅시다.
- /제목2 이번 주 업무 계획

계획된 업무의 순서가 중요한 경우에는 번호 매기기 리스트를 추가해서 더욱 명확하게 표현 가능합니다.
- /번호 매기기 입력 후 엔터키 → 내용을 입력하면 번호 목록이 깔끔히 만들어집니다.

그리고 회의에서 나온 아이디어나 간단한 논의 사항은 '글머리 리스트'로 정리해서 빠르게 입력합니다.
- /글머리 라고 입력한 후 엔터키를 누르면 리스트 작성 준비가 완료됩니다.

이런 식으로 순서대로 간단한 슬래시 명령어를 이용하면, 노션 페이지가 매우 깔끔하고 체계적인 구성으로 단 몇 분도 채 걸리지 않고 빠르게 완성됩니다.

2025년 5월 2주차 마케팅팀 회의

주간 팀 회의록

이번 주 업무 계획
1. 순서
2. 순서
3. 순서

아이디어
- 리스트
  - 리스트
- 리스트
  - 리스트

/ 슬러시 기능은 노션에서는 자주 사용하게 되니 익숙해져야 합니다. 단축키를 외우는 것보다는 /블록이름 이 훨씬 더 빠를수도 있습니다. 앞서 배운 기본 블록들을 모두 사용하면서 페이지를 만들고 하위 페이지도 생성해보도록 합니다. 회의록은 기본 블록만으로도 충분히 만들 수 있으니 여러분만의 회의록을 만들어보세요.

📌 이번 챕터의 핵심 정리하기

노션 페이지를 효율적으로 관리하기 위해서는 일반적인 클릭보다는 「@멘션」과 「슬래시 명령어」 기능을 적극 활용하는 습관을 가져야 합니다. '@멘션 기능'은 페이지, 사용자, 날짜를 빠르고 효율적으로 연결하는 기능이며, '/ 슬래시 명령서'는 전체 콘텐츠 페이지 구성과 기능추가를 훨씬 빠르게 할 수 있게 도와줍니다.

이 두 가지 기능만 충분히 활용하더라도 정보 이동의 시간을 단축시키고, 업무 효율성이 훨씬 높아질 것입니다. 처음에는 약간 번거롭게 느껴질 수 있지만 조금만 익숙해지면 다시는 마우스를 이용한 복잡한 클릭 방식으로 돌아갈 수 없을 만큼 편리한 기능이 될 것입니다.

이제 이 챕터를 여러 번 읽으며 실제로 따라해 보고 내 업무에 사용하며 익숙해질 시간입니다. 노션을 활용한 여러분의 업무 효율성은 여기에서부터 출발해 현실이 될 것입니다.

주간 팀 주간 회의록

@내일 오전 9:00 ⏰ 까지 @노션전문가별나 님은 회의록을 정리 후 공유해주세요.

▼ 이번 주 업무 계획
1. 순서
2. 순서
3. 순서

▼ 아이디어
- 리스트
  - 리스트
- 리스트
- 리스트

PART 3
템플릿 & 동기화 블록 실전 활용법

3-1. 노션 기본 제공 템플릿 이해하기
3-2. 동기화 블록 개념 및 활용방법

3-1. 노션 기본 제공 템플릿 이해하기

앞서 챕터에서는 기본적인 노션 사용 방법과 페이지 효율적으로 관리하는 요령에 대해 배웠습니다. 이번 챕터에서는 노션이 기본적으로 제공하는「템플릿(Templates)」이라는 강력한 기능에 대해 알아보고, 노션 템플릿의 의미와 종류를 이해할 수 있도록 자세히 설명하겠습니다.

노션을 처음 접한 사용자들이 자주 겪는 어려움 중 하나는 "어떻게 페이지를 시작해야 하지?"라는 부분입니다. 이 문제를 해결해 주는 가장 손쉬운 방법이 바로「템플릿」활용입니다. 템플릿을 활용하면 더 이상 빈 화면 앞에서 어떻게 시작할지 막막할 필요가 없습니다.

노션에서는 사용자가 더 쉽고 빠르게 시작할 수 있도록 다양한 목적에 맞는 템플릿을 미리 만들어 제공합니다. 여러분은 원하는 템플릿을 클릭 몇 번만으로 간단히 불러와서 곧바로 업무나 관리를 시작할 수 있습니다. 지금부터 템플릿의 기본 개념과 활용법을 하나씩 천천히 살펴보겠습니다.

1. 노션 템플릿이란 무엇인가요?

노션의 「템플릿」이란 특정 형태의 페이지 구성을 미리 세팅(rendered) 해 놓은 페이지 양식을 의미합니다. 쉽게 말해 문구점에서 흔히 볼 수 있는 '서식지'나 '양식'과 같은 개념이라고 할 수 있습니다.

예를 들어, 문서 작성에 사용할 회의록 템플릿을 불러오면 페이지 내에 회의 일정, 참여자 목록, 논의 주제, 업무 리스트 등이 이미 체계적으로 구성되어 있어서 사용자는 그 내용만 채우면 바로 회의록을 완성할 수 있습니다.

즉, 이미 완성된 페이지 형태로 편리한 양식을 불러와 수정하고 내용을 넣음으로써 훨씬 더 빠르고 체계적으로 페이지를 완성할 수 있는 것입니다.

✔ 노션 템플릿을 활용하면 좋은 점
- 필요한 페이지를 만들 때 시간이 획기적으로 절약됩니다.
- 원하는 페이지 구성이나, 아이디어를 처음부터 고민하지 않아도 됩니다.
- 업무나 개인 관리를 훨씬 더 보기 좋고 체계적으로 정리할 수 있습니다.

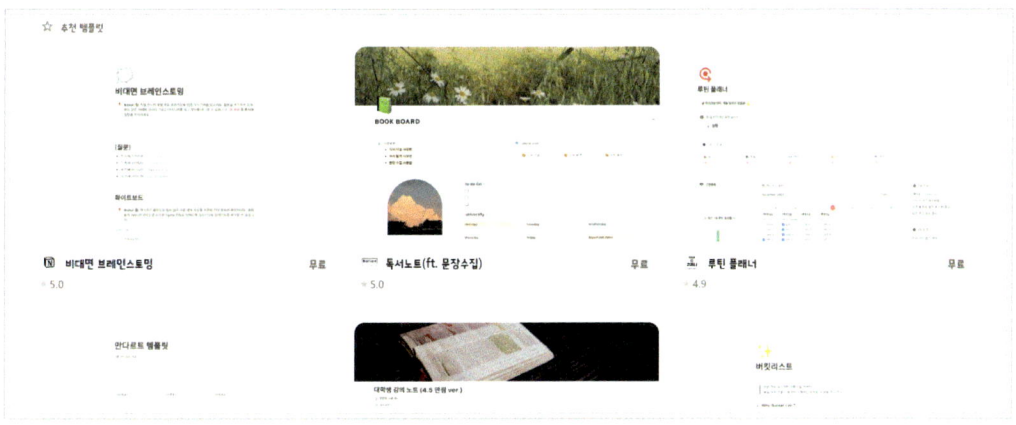

2. 노션 멋지게 활용하는 템플릿 사용법

템플릿 사용법은 아주 간단하며 누구나 쉽게 따라할 수 있습니다. 무료 및 유료로 제공되는 템플릿이 있고, 부분 무료 형태의 템플릿도 있습니다. 노션이 제공하는 템플릿 외에도 크리에이터분들이 제작한 템플릿을 따로 구매해서 사용하는 사이트가 굉장히 많습니다. 이 책에서는 노션에서 제공되는 템플릿을 기준으로 학습합니다.

[쉽게 따라하기] 템플릿 사용법 단계별 가이드

① 화면 왼쪽 하단 사이드바에서「템플릿(Templates)」를 클릭합니다. 또는 새 페이지의 하단에도 템플릿 메뉴를 확인할 수 있습니다.

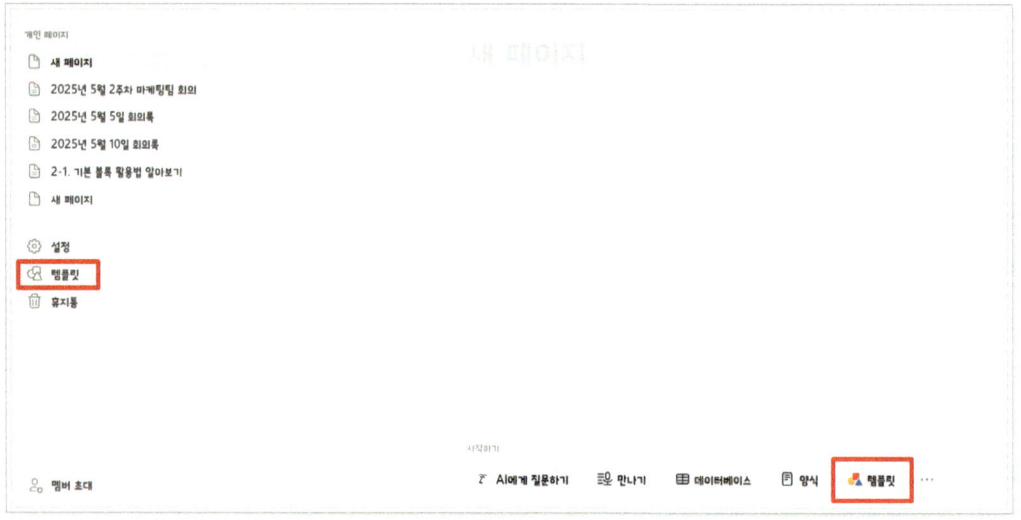

② 나오는 팝업 창에서 필요한 분야 또는 목적에 적합한 템플릿 카테고리를 선택합니다. 우측 검색창을 활용하여 원하는 템플릿을 찾을 수 있습니다.

템플릿은 다양하지만 무료 또는 유료가 표현되어있습니다. 우선 무료 템플릿 위주로 사용해보고 꼭 필요한 템플릿은 구매해서해서 사용하고, 기본보기로 읽어본 후 직접 만들어서 사용해도 좋습니다.

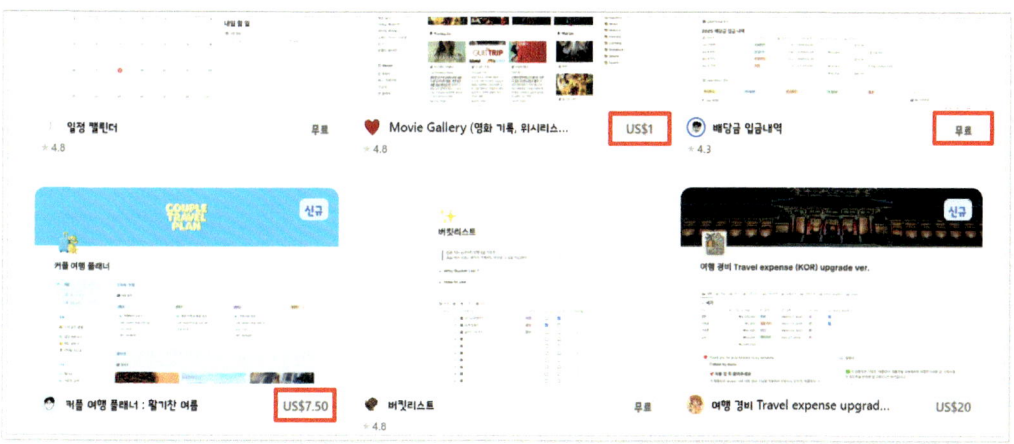

　　③ 세부 내용과 예시를 확인하기 위해서 미리보기를 클릭하면 페이지가 하나 오픈되면서 확인할 수 있습니다. 원하는 템플릿이라면 추가합니다.

④ 새로운 페이지가 템플릿의 내용을 유지한 채 만들어지며, 내용을 수정하고 채우면 곧바로 완성됩니다. 데이터베이스로 연결되어 있는 것을 확인하고 메인 데이터베이스가 무엇인지도 먼저 체크하고 사용하는 것이 좋습니다. 아래처럼 레이아웃이 캘린더, 표 등이라면 메인 데이터베이스 입니다.

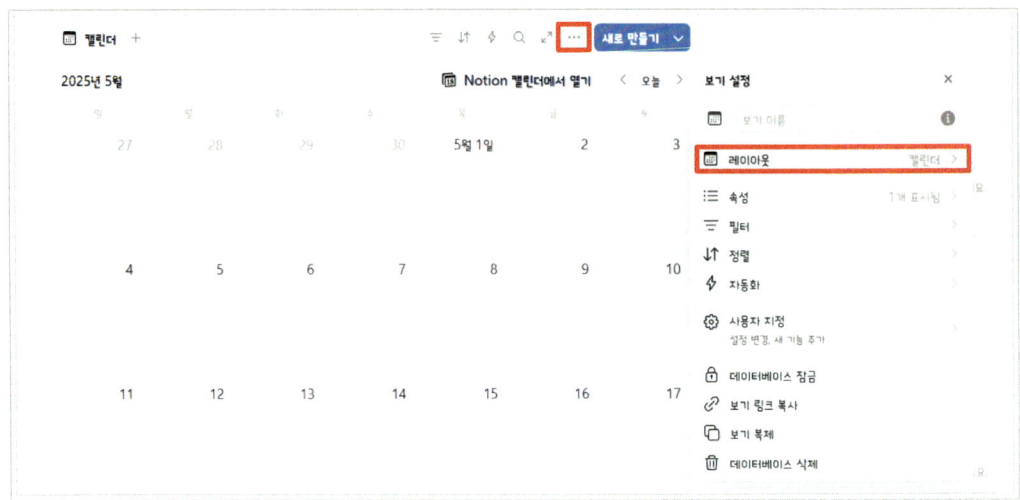

아래처럼 보인다면 메인 데이터베이스를 복제 또는 연결해서 사용했다고 생각하면 됩니다. 데이터베이스는 아직 배우지 않아서 익숙하지 않을 수 있지만 대부분의 템플릿은 데이터베이스가 포함되어있습니다. 파트5를 참고해주세요.

3. 노션 기본 제공 템플릿 종류와 활용 예시 소개

노션에서 기본적으로 제공되는 템플릿은 목적별로 카테고리가 나누어져 자유롭게 선택하여 사용할 수 있습니다. 그 중에서 특히 유용하고 자주 사용하는 템플릿 몇 가지를 실제 활용 예시와 함께 자세히 살펴보겠습니다.

1. 업무(Work) 템플릿

업무 카테고리에는 프로젝트 관리, 회의록 작성, 업무 계획 등 직장에서 바로 사용 가능한 다양한 템플릿이 준비되어 있습니다.

- 회의록(Meeting Notes) 템플릿

회의 주제, 참석자, 안건 및 진행 상황을 체계적으로 정리할 수 있는 템플릿으로, 언제 어느 팀에서든 회의가 끝난 후 깔끔하게 업무 내용을 기록하고 관리할 수 있도록 도와줍니다.

- 프로젝트 관리(Project Management) 템플릿

업무나 프로젝트 진행 상황을 깔끔하게 정리하여 한눈에 볼 수 있도록 설계된 템플릿으로, 작업 현황이나 문제점을 효과적으로 관리하고 체크할 수 있습니다.

2. 개인(Personal) 템플릿

대표적인 개인 템플릿으로는, 일기장, 독서목록, 여행 계획 등 일상에서 유용하게 사용되는 다양한 서식들이 포함되어 있습니다.

- 일기장(Daily Journal) 템플릿

매일 날짜별로 기억하고 싶은 내용이나 하루를 기록하는 양식이 포함되어 있어 매일 손쉽게 개인의 하루를 정리해 둘 수 있습니다.

- 여행 계획(Travel Planner) 템플릿

여행 일정, 항공권, 숙소 예약, 방문할 장소 등을 명확히 여행 계획 및 관리를 할 수 있는 양식이 마련되어 있습니다.

템플릿을 선택할 때에는 언어, 가격 등을 미리 체크 후 찾으면 조금 더 빠르게 원하는 템플릿을 찾을 수 있습니다. 제작의 경우 노션, 크리에이터를 선택할 수 있습니다. 노션 자체 제작 템플릿과 노션에서 인증받은 크리에이터분들의 템플릿을 나눠서 볼 수 있습니다.

3. 학생 및 교육(Student and Education) 템플릿

학생이나 교육자들이 사랑하는 카테고리로 과제 관리, 학습 일정표 등 교육 관련 업무에 편리한 템플릿이 제공됩니다. 최근에는 교육기관에서도 교사용 노션 템플릿 활용이 높아지도 있습니다.

- 수업노트(Class Notes) 템플릿

강의나 수업 내용을 주제별, 날짜별로 깔끔하게 메모하고 정리할 수 있는 템플릿으로, 학교 생활에서 교과별로 효과적으로 공부 관리를 할 수 있게 합니다.

- 숙제 일정(Homework Tracker) 템플릿

과제나 숙제를 관리하기 쉽게 일정표 형식으로 만든 템플릿으로 과제 제출기한과 진행상황 등을 효과적으로 관리해 줍니다.

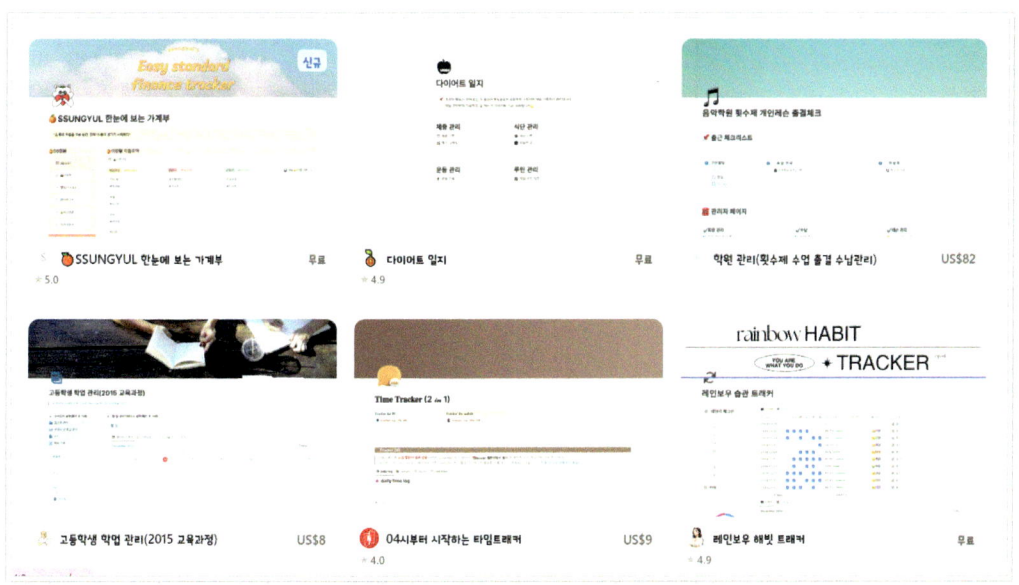

3-2. 동기화 블록 개념 및 활용방법

　　노션을 더욱 강력하고 실용적으로 활용할 수 있는 도구 중 하나인 『동기화 블록(Synced Block)』의 개념과 활용법에 대해 자세히 알아보겠습니다. 노션에는 많은 사용자들이 강력하다고 평가하는 블록이 몇 가지 존재합니다. 그 중에서도 특히 「동기화 블록」은 한 번 개념을 이해하면 업무 효율성과 콘텐츠 관리를 획기적으로 개선시킬 수 있습니다. 지금부터 명확한 개념 이해부터 실전 활용 예시까지 차근차근 알아보겠습니다.

1. 동기화 블록(Synced Block) 이란 무엇인가요?

　　간단히 말해, 「동기화 블록」은 노션의 서로 다른 페이지에 동일한 내용을 동시에 보여주고 업데이트할 수 있는 특별한 형태의 블록입니다. 하나의 페이지에 작성된 동기화 블록의 내용이 수정될 경우, 다른 페이지에 존재하는 해당 블록의 복사본(copy)에도 즉시 그 변경 내용이 자동으로 반영됩니다.

　　쉽게 말해 문서가 서로 연결되어 있어서, 한 곳에서 내용을 바꾸면 이 내용을 복사하여 사용한 모든 페이지에서 동시에 자동으로 내용이 바뀌는 것입니다.

📒 이해를 돕는 쉬운 예시

　　예를 들어, 「회사 연락처」를 노션에 몇 개의 다른 팀 관련 페이지에 똑같이 업데이트해서 써야하는데 자주 변경된다고 가정해 볼게요. 일반 블록을 쓰면 모두 일일이 바꿔주어야 합니다. 하지만 동기화 블록을 사용하면 연락처의 변경 사항을 한 페이지에서 한 번만 편집하면, 동기화된 모든 페이지에서 자동 반영되어 편하게 관리가 됩니다.

2. 동기화 블록의 장점과 활용하면 좋은 이유

동기화 블록이 업무나 개인 페이지 관리에서 매우 유용한 이유는 몇 가지로 정리해 볼 수 있습니다.

- **정보의 중복 관리 최소화**

동기화 블록을 활용하면 같은 내용을 반복해서 입력하거나 여러 곳에서 수정하는 번거로운 과정을 없앨 수 있습니다.

- **콘텐츠의 최신성 유지**

한 곳에서만 내용을 수정하면, 나머지 페이지들도 자동으로 최신 정보로 업데이트 됩니다.

- **업무 효율성 향상**

자주 쓰는 내용을 동기화 블록으로 관리하면 시간과 노력을 크게 절약할 수 있으며 관리 실수도 줄어듭니다.

- **체계적인 정보 정리**

여러 페이지 간 동일한 내용을 통일성 있게 유지하도록 도와줍니다.

동기화 블록을 사용하면 블록의 테두리가 핑크색으로 변경됩니다. 참고하세요.

3. 동기화 블록 생성 및 사용 방법 (단계별 따라하기)

실제로 동기화 블록을 만드는 과정은 매우 간단합니다. 노션에서 하나씩 따라해 보겠습니다.

✔ **동기화 블록 만드는 방법(How to make Synced Block)**

① **새 동기화 블록 생성하기**

페이지에서 빈 공간에서 /동기화를 입력하거나, 블록 왼쪽 + 버튼을 클릭한 후「동기화 블록」을 선택하면 생성됩니다. 동기화 블록 내에 들어갈 내용을 입력합니다.

② **기존 일반 블록을 동기화 블록으로 전환하기**

이미 작성된 일반 블록의 마우스로 드래그 한 후 "전환" 기능을 통해서「동기화 블록」을 선택하면 기존 입력된 블록도 동기화 블록으로 쉽게 전환됩니다.

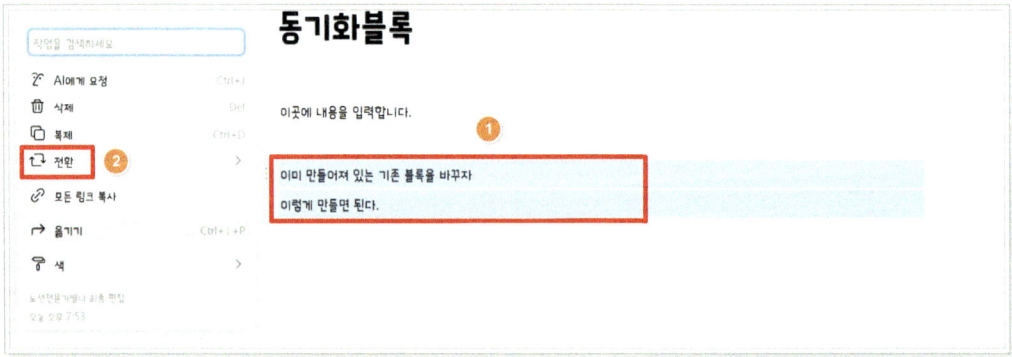

③ 다른 페이지에 동기화 블록 붙여넣기

생성한 동기화 블록에서 복사하고 동기화하기를 선택하면 링크가 클립보드에 복사됩니다. 붙여넣기 할 페이지를 열고 붙여넣기(Ctrl + V)를 진행합니다. 예시는 동일 페이지에 붙여넣기 후 확인해보겠습니다.

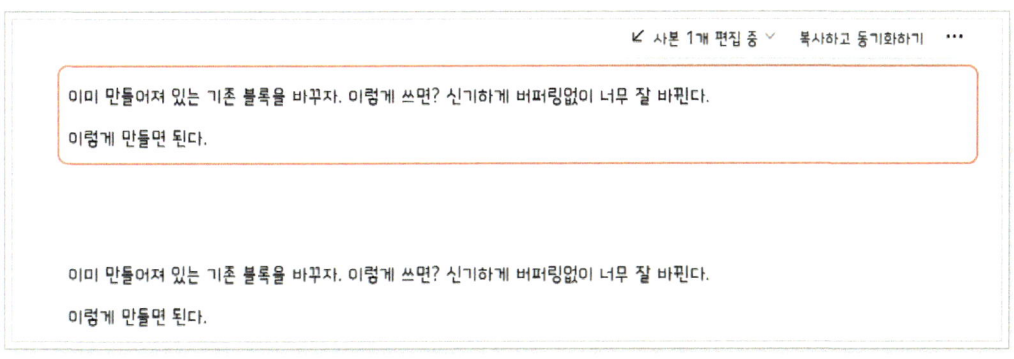

페이지를 만들다보면 데이터베이스를 활용하는 경우가 많습니다. 동기화 블록은 이미 만들어진 데이터베이스 자체로는 활성화되지 않습니다. 이럴 때는 앞서 배운 콜아웃을 활용하도록 합니다. 콜아웃을 생성하고 데이터베이스를 드래그 앤 드롭으로 콜아웃 안으로 가져가고 점 6개를 선택 후 전환 -> 동기화블록하면 됩니다.

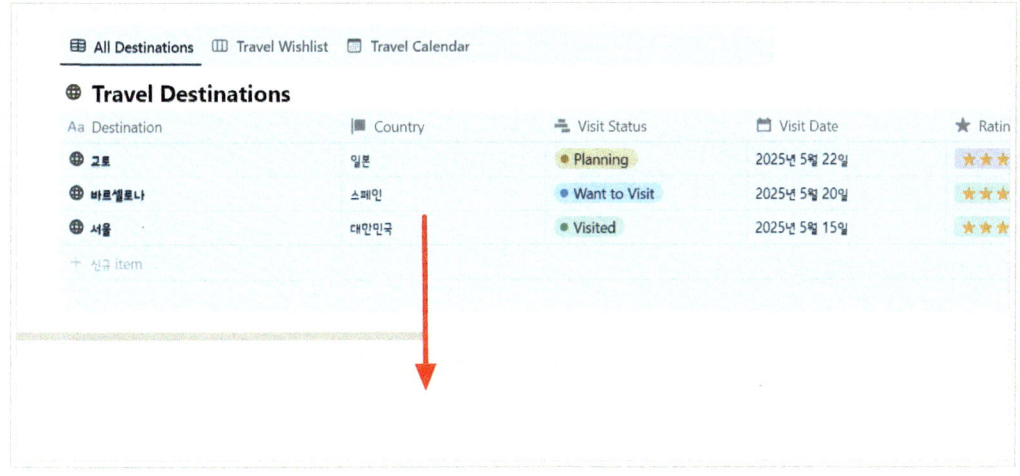

4. 동기화 블록 실전 활용 유용한 예시 소개

동기화 블록을 실제 실제 페이지에서 어떻게 활용하면 좋은지 친숙한 사례를 들어 자세히 살펴보겠습니다. 아래 예시는 업무와 개인 생활에서 매우 유용합니다. 단계별 친절한 설명과 구체적인 활용 사례도 제공했으니, 천천히 따라해 보시고 현업과 개인 페이지에 적용해보세요.

예시① - 회사 공지 및 필수 규칙 동기화하기

회사에서는 종종 잦은 변화와 업데이트가 있는 공지사항이나 내부 규정 문서가 있습니다. 특히 여러 부서별 페이지에 공통으로 보여줘야 할 정보라면, 이럴 때 동기화 블록은 특히 유용합니다.

예를 들어, '연차 및 휴가 관리 정책' 같은 규정이 있다고 생각해보세요.

✔ 사용 방법

1. 먼저 '연차 및 휴가 관리 정책'이라는 제목의 새 페이지를 만들어 내용을 입력합니다.
2. 내용을 블록 선택하여(드래그하여) 메뉴에서 [동기화 블록으로 변경]하거나 /동기화 입력 후 블록을 만듭니다.
3. 만들어진 동기화 블록을 복사 (Ctrl 또는 Cmd+C) 하여 다른 부서 페이지에 붙여넣습니다.

✔ 이렇게 하면 좋은 이유

이 규칙이 바뀌거나 업데이트되었을 때, 이후 모든 부서의 페이지를 따로 찾아다니며 변경할 필요가 없습니다. 원본 블록에서만 수정하면, 모든 부서 페이지에 즉시 업데이트되므로 관리가 매우 편리합니다.

예시② - 팀 회의 안건 및 결정사항 관리하기

팀 주간회의에서는 회의의 주요 안건과 결정 사항을 기록하고 관리합니다. 회의 내용을 팀 메인 페이지뿐 아니라 개별 멤버들의 개인 업무 페이지에서도 동시에 볼 수 있도록 동기화 블록을 쉽게 사용 가능합니다.

✔ 사용 방법

1. 팀 주간 회의록 페이지에서 매주 '주간 회의 안건 및 결정사항' 블록을 생성합니다.
2. 블록 선택 후 '동기화 블록으로 만들기' 하여 복사합니다.
3. 각 팀원의 개인 페이지에 해당 내용을 붙여넣기 해서 실시간으로 업데이트됩니다.

✔ 이렇게 하면 좋은 이유

각 구성원이 매번 팀회의 페이지를 찾아갈 필요 없이 개인 업무 관리 페이지에서 실시간 안건과 결정사항을 확인할 수 있습니다. 이는 참고자료 확인이나 업무 진행 여부 또한 보다 효과적으로 관리할 수 있게 도와줍니다.

예시③ - 개인 프로젝트 체크리스트 다중 관리하기

개인이 여러 개의 프로젝트에 참여할 때는 "할 일 리스트 체크 관리"가 어려울 수 있습니다. 할 일(To-Do)을 하나의 페이지에서 관리하되, 프로젝트 별로도 따로 할 일을 확인할 수 있게 하려면 동기화 블록을 적극적으로 활용해 보세요.

✔ 사용 방법

1. 먼저 '개인 업무 전체 체크리스트'라는 별도 페이지를 만들어 한 번만

체크리스트를 생성한 후, 관리할 할 일 목록을 입력합니다.
2. 해당 블록(리스트 전체 선택)을 '동기화 블록'으로 변경합니다.
3. 이 블록을 복사하여 각각의 프로젝트 페이지에 붙여넣기를 합니다.

✔ 실제 사용 예시

예를 들어, 마케터로 근무하면서 'SNS 마케팅 캠페인', '온라인 이벤트 기획', '고객사 품질 관리'라는 세 가지 프로젝트를 동시에 수행할 때가 있습니다. 이때 전체 할 일 리스트를 하나의 동기화 블록으로 만들어 각 프로젝트 페이지에 복사하여 넣는 것입니다.

전체 리스트가 원본 페이지에 작성되어 있으므로, 어떤 프로젝트 페이지에서 하던 일이 체크되거나 수정된다면 모든 페이지의 체크리스트가 자동으로 업데이트됩니다.

✔ 이렇게 하면 좋은 이유

체크리스트 관리가 매우 깔끔해지고, 개별 페이지에서 혼동 없이 업무를 공유할 수 있습니다. 특히 여러 개의 일을 동시에 하는 경우 업무의 우선순위와 업무 진행상황을 놓치지 않고 편리하게 관리할 수 있습니다.

지금까지 소개한 구체적인 예시들은 모두 복잡한 고급 블록 없이도 사용 가능합니다. 동기화 블록이 얼마나 강력하고 효율적인지, 사례를 따라하며 직접 경험해보세요. 지금까지 살펴본 예시들은 복잡한 기능을 추가로 배우지 않아도, 노션의 기본적인 블록과 데이터베이스만 잘 이해하고 있으면 누구나 쉽게 만들고 활용할 수 있는 현실적인 사례입니다.

5. 동기화 블록 활용 시 꼭 기억하면 좋은 꿀팁

✔ 동기화 블록 알기 쉽게 표시하기

동기화 블록은 경계가 다른 블록과 표시되어 있고, 왼쪽 상단 아이콘으로 구분할 수 있습니다. 명확히 표시하여 혼동을 방지하고 효율적으로 관리하세요.

✔ 너무 다양한 내용 한번에 넣지 않기

하나의 동기화 블록에는 관련성 있는 정보만 넣는 것이 관리에 좋습니다. 너무 다양한 주제를 섞으면 관리하기가 오히려 더 힘들어질 수 있습니다.

✔ 이번 챕터에서 배운 내용 Key POINT (핵심 요약)

이제「동기화 블록(Synced Block)」의 개념과 사용법에 대해 여러분들은 명확히 이해했을 것입니다. 동기화 블록은 사용자들이 노션을 더 능숙하고 효율적으로 사용할 수 있도록 돕는 만큼 꼭 충분히 연습하여 내 것으로 만들기를 권장합니다.

- 여러 페이지의 동일한 내용을 한 번에 편리하게 수정 및 최신 상태로 유지
- 쉽고 빠르게 제작 및 사용 가능한 동기화 블록
- 중복되는 정보의 관리 효율 증가 및 실수 최소화

이제 동기화 블록을 적극 활용하여 보다 효과적이고 체계적인 노션 활용이 가능한 전문가가 되어보세요.

PART 4
임베드.북마크 콘텐츠 관리

4-1. 노션 임베드 기능 제대로 알아보기
4-2. 북마크 블록의 활용 팁 익히기

4-1. 노션의 임베드(embed) 기능 제대로 알아보기

노션의 가장 뛰어난 점 중 하나는 여러 가지 다양한 온라인 콘텐츠와 도구들을 하나의 페이지 안에 통합할 수 있는 '임베드(embed)' 기능을 제공한다는 것입니다. 임베드 기능을 잘 활용하면, 더 이상 여러 브라우저 탭과 앱을 각각 켜놓고 혼란스러워 하지 않아도 됩니다. 노션 안에서 모든 필요한 정보를 한 곳에 정리하고 한눈에 볼 수 있기 때문입니다. 이번 챕터에서는 이처럼 유용한 '임베드(embed)' 기능을 확실히 이해하고 효과적으로 활용할 수 있도록 개념, 활용방법, 그리고 친숙한 예시까지 친절히 알려드립니다.

1. 노션의 임베드(embed) 기능이란 무엇인가요?

'임베드(embed)'는 말 그대로 '끼워 넣다' 또는 '삽입하다'는 의미를 가지고 있습니다. 쉽게 말해 다른 앱·사이트나 외부의 콘텐츠를 내 노션 페이지 안으로 바로 불러오거나 표시하는 기능이라고 생각하면 쉽습니다.

예를 들어,

- 유튜브 영상■을 페이지에 추가하여 노션 페이지 안에서 바로 재생
- 구글 지도📍를 넣어 미팅 장소나 여행 일정을 시각화
- 구글 문서■를 삽입해 공동 작업 내용을 노션 안에서 실시간으로 확인 가능
- 프레젠테이션 슬라이드■를 넣어서 자료를 페이지 내에서 바로 확인

이런 방식으로 다양한 외부 서비스를 페이지에 끊김 없이 통합해서 활용 가능한 기능이 바로 노션의 임베드 기능입니다.

2. 임베드(embed) 기능의 장점

노션 임베드 기능이 가진 대표적인 장점은 다음과 같습니다.

- 업무 효율성 향상
- 다른 사이트와 앱에 방문하지 않고 노션 페이지에서 바로 콘텐츠 확인 가능하여 집중도와 속도가 오릅니다.
- 업무 및 자료의 통합 관리 가능
- 노션 한 화면에서 다양한 플랫폼의 콘텐츠를 동시에 관리할 수 있다는 강점이 있습니다.
- 실시간으로 최신 정보 유지
- 임베드 된 콘텐츠는 원본 사이트와 동기화되어 항상 최신상태를 유지합니다.
- 팀 협업에 용이한 구조
- 협업 도구(구글 문서, 스프레드시트 등)를 한 페이지에 모아두어 협업 참가자 모두에게 편리합니다.

3. 노션에서 임베드(embed) 기능 쉽게 사용하는 방법

임베드를 실제로 추가하는 방법은 어렵지 않습니다. 누구나 쉽게 따라할 수 있도록 단계별로 정리했습니다.

✔ [임베드 사용법 단계별 안내]

① 불러오고 싶은 콘텐츠 URL 복사하기

먼저 유튜브 영상, 구글 맵, 네이버 지도, 스프레드시트 등 노션에 넣을 콘텐츠의 링크(URL)를 복사합니다.

② 노션 페이지로 돌아와서 붙여 넣기

노션 페이지 안의 원하는 위치에서 URL을 그대로 붙여 넣어 줍니다.

(URL붙여 넣은 뒤 자동으로 'embed' 옵션이 나타납니다.)

③ 블록에서 임베드 옵션 선택하여 적용하기

/임베드 를 찾으면 블록이 활성화가 됩니다. 링크 임베드, 업로드 둘 중 하나를 선택할 수 있습니다. 파일 역시 노션에서 바로 보기 임베드가 가능합니다. PDF 파일을 업로드 하면 따로 파일을 저장하지 않아도 노션 페이지에서 확인할 수도 있습니다.

④ 생성된 임베드 콘텐츠 사이즈 조정하기

콘텐츠가 삽입된 박스의 모서리를 드래그하면 자유롭게 크기를 조정할 수 있습니다.

이 과정만으로 노션에 원하는 콘텐츠를 임베드하여 사용할 수 있게 됩니다. 매우 간단하죠? 컴퓨터에 흩어져있는 자료를 정리하거나, 공유할 자료를 정리할 때 임베드 기능을 활용하면 시간 절약을 많이 할 수 있습니다.

4. 꼭 활용해보면 좋은 임베드(embed) 예시 모아보기

실제로 업무와 생활에서 흔히 사용하는 유용한 임베드 활용 예시도 몇 가지 소개해 드리겠습니다.

예시① | 유튜브 영상 임베딩하기

팀 회의에서 참고할 만한 중요한 유튜브 영상을 바로 노션 페이지 안에서 재생할 수 있습니다.

- 활용 상황 : 업무 교육 영상, 회의 자료 영상, 참고 학습 자료 영상
- 장점 : 별도의 화면 변경 없이, 간단하고 빠르게 콘텐츠를 제공합니다.

임베드 기능을 별도로 비활성화한 유튜브 영상은 노션에 가져와서 붙여넣기를 하면 회색 화면이 나타나고 오류가 표시됩니다. 이 부분은 사이트도 동일합니다. 오류 표시가 보이면 노션에서 임베드는 어렵습니다.

예시② | 구글 드라이브, 구글 문서 등 임베딩하기

실시간문서를 삽입해 팀원 모두가 페이지 안에서 즉시 공동 작업할 수 있습니다.

- 활용 상황 : 프로젝트 현황 관리 시트, 일정 공유 시트, 협업 문서
- 장점 : 업데이트된 내용을 실시간으로 확인 및 편집하여 협업 속도 향상되고 업무 효율성이 증가합니다.

노션은 구글 다양한 도구와 연결됩니다. 스프레드시트, 문서 등의 파일을 구글 드라이브에 업로드 후 공유하면 협업에 도움이 됩니다. 구글 드라이브는 최초 사용 시 연결해야합니다. 여러 개의 구글 계정을 연결해서 사용할 수 있습니다.

노션 무료 사용자는 파일 업로드 시 5MB 용량의 제한이 있으므로 구글 드라이브를 활용해서 자료를 업로드하는 것도 좋은 방법입니다.

예시③ | 지도(Google Maps, Naver Maps 등) 임베딩하기

회사의 지점 안내 지도나 여행 계획을 노션 페이지에서 바로 시각적으로 표시할 수 있습니다.

- 활용 상황 : 고객과의 미팅 장소 안내, 출장 및 여행 일정 관리
- 장점 : 위치 공지 및 약속 장소를 노션 내에서 정확히 확인하고 공유 가능합니다.

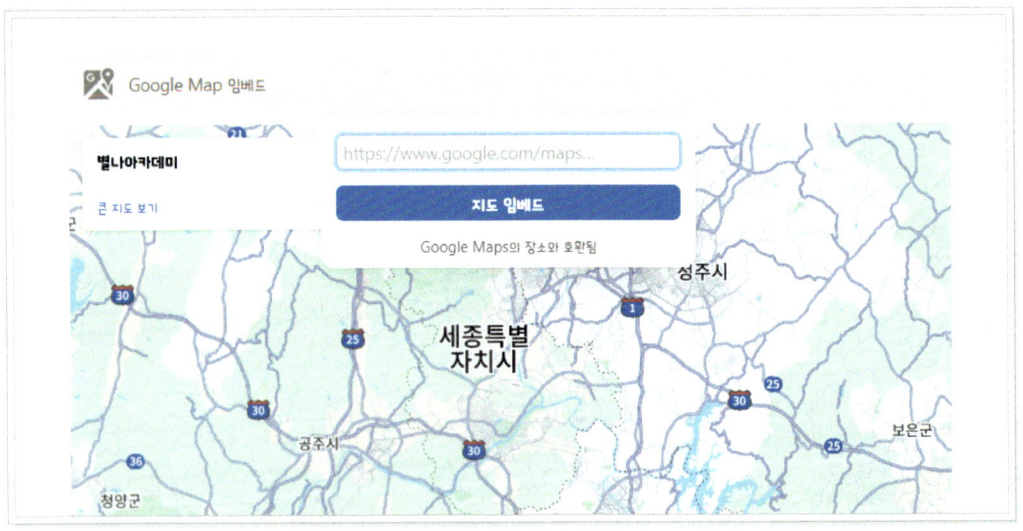

이 외에도 노션은 다양한 플랫폼의 임베드를 지속적으로 늘려가고 있습니다. Spotify 플레이리스트, PDF나 SlideShare 자료, 트위터 게시물 또는 프레젠테이션 자료 등 원하는 거의 모든 콘텐츠를 노션 페이지 한 곳에서 안내하고 관리할 수 있습니다.

4-2. 북마크(Bookmark) 블록의 활용 팁 익히기

앞선 챕터에서는 유용한 임베드(embed) 기능을 익혀 노션 페이지의 활용 가치를 높였습니다. 이번 챕터에서는 또 하나의 간단하지만 협업과 자료관리에 매우 유용한 블록, '북마크(Bookmark)' 기능을 제대로 익히고 실무 활용 방법까지 함께 살펴보겠습니다.

1. 북마크(Bookmark) 블록이란 무엇인가요?

사람들은 평소 인터넷 사이트에서 관심 있는 웹사이트를 즐겨찾기(bookmark)로 추가하여 다시 쉽게 찾도록 합니다. 노션의 '북마크 블록' 역시 이런 개념으로 이해하면 쉽습니다. 노션의 북마크 블록은 웹사이트 링크를 시각적으로 보기 좋고 깔끔하게 정리하여 페이지 안에서 직접 확인할 수 있도록 만들어 주는 기능입니다.

2. 일반 링크보다 북마크 블록이 좋은 이유

일반적인 링크(URL)를 노션에 복사·붙여넣기 하면 단지 텍스트로만 길게 표시돼서 가독성과 깔끔함이 떨어집니다. 이에 반해 북마크 블록은 아래와 같은 장점을 제공합니다.

- 시각적으로 깔끔하고 보기 좋다: 웹사이트의 대표 이미지, 이름, 설명이 미리 표기되어 페이지의 디자인과 구성을 더욱 매끄럽게 만들어줍니다.
- 정보의 빠른 이해 및 파악 가능: 링크를 클릭하기 전 미리보기(preview)를 통해 사용자들은 빠르게 콘텐츠 내용을 파악 가능합니다.
- 사이트 방문율 증가: 이용자가 보기 쉽고 직관적인 북마크 형태의 링크를 보고 클릭할 확률이 높아집니다.

3. 북마크(Bookmark) 블록 쉽게 추가하는 방법

북마크 블록 사용법은 정말 간단하며, 인터넷을 사용하는 것처럼 매우 쉽고 빠릅니다.

✔ [단계별 사용법 안내]

① 노션 페이지에서 북마크로 추가하고 싶은 웹페이지의 URL을 복사합니다.

② 복사한 URL을 붙여넣고 나타나는 옵션 중 '북마크(Bookmark)로 추가' 메뉴를 클릭합니다.

③ 자동으로 해당 웹페이지가 북마크 블록 형태로 나타납니다. 간단히 완성!

이처럼 간단한 과정만으로 북마크 블록을 얼마든지 노션 페이지에 빠르고 편리하게 추가할 수 있습니다.

4. 북마크 블록 실전 활용 팁

실제로 업무와 일상생활에서 북마크 블록을 어떻게 활용하면 좋을지 현실적이고 친숙한 예시를 들어 몇 가지 살펴보겠습니다.

(예시1) 업무 참고자료 쉽게 관리하기

북마크 블록은 업무 중 활용할 다양한 참고 자료 사이트를 보기 좋게 정리하는 용도로 가장 많이 사용됩니다. 예를 들어 마케팅팀이라면 "소셜 미디어 성과 분석법", "최신 업계 트렌드 관련 자료" 등 관련 웹사이트 자료를 북마크로 깔끔하게 노션 페이지에서 관리하면 좋습니다.

(예시2) 뉴스 및 정보 큐레이션 페이지 운영하기

매일 읽어야 하는 뉴스 기사 혹은 중요한 업계 소식 페이지를 북마크 블록으로 매일 정리하여 간단한 큐레이션 페이지처럼 활용해볼 수 있습니다. 팀원과 공유하는 페이지를 만들어 팀 모두가 최신 기사와 정보를 빠르게 모니터링하여 업무의 효율성을 높이는 효과적인 방법입니다.

(예시3) 개인 학습 자료 및 관심 정보 아카이브 만들기

개인적으로 관심 가는 유튜브 영상, 블로그, 강의 자료 등을 평소에 북마크 블록으로 차곡차곡 저장하고 분류하는 개인 용도의 페이지로 만들어 두면 좋습니다. 개인이 관심 있는 분야에 대한 아카이브 형태로 만들어 지속적으로 업데이트하며 개인 역량 향상과 자기 계발에 도움을 줄 수 있습니다.

5. 북마크 블록 활용 시 꼭 알아두면 좋은 팁

✔ 북마크 설명 및 이름 직접 수정하기

북마크 블록을 만든 후 제목이나 간단 소개글을 클릭하여 원하는 문장으로 수정하면 더 보기 쉽고 명확히 '나만의 북마크 리스트'로 구성할 수 있습니다.

✔ 이미지 자동 생성 안 될 때 해결 팁

일부 사이트의 경우 자동으로 이미지가 생성되지 않을 수 있습니다. 이때 북마크의 이미지를 클릭하고, 저장한 이미지를 업로드하거나 적절한 이미지를 검색하여 추가하면 보기 더 좋은 북마크 블록을 완성할 수 있습니다.

✔ 북마크 추가 후 URL 변경 쉽게 하기

이미 추가된 북마크 블록의 URL을 간단히 클릭하여 수정하고 새 웹페이지 링크로 교체 가능합니다. 이를 통해 지속적으로 최신 콘텐츠도 업데이트가 가능합니다.

마무리하며 이번 챕터 핵심 정리하기

북마크(Bookmark) 블록은 노션에서 정보 관리와 콘텐츠 큐레이션을 더욱 쉽고 편리하게 도와주는 아주 유용한 블록입니다.

- 웹페이지의 내용을 직관적이고 시각적으로 정리
- 단순한 텍스트 링크보다 가독성과 클릭 가능성 높음
- 업무자료나 개인 관심 자료 관리에 매우 실용적임

이제 북마크 블록 기능을 통해 매일 쏟아지는 다양한 정보를 여러분만의 스타일로 정리하고 활용해보세요. 이 간단하고 강력한 기능 하나만으로도 여러분의 업무 능률과 일상생활의 질이 더욱 높아질 것입니다.

PART 5
데이터베이스로 정보 효율적으로 관리하기

5-1. 데이터베이스의 기본 개념 및 특징 이해
5-2. 데이터베이스 유형 및 다양한 뷰 활용하기
5-3. 데이터베이스 내 필터와 정렬 사용하기

5-1. 데이터베이스의 기본 개념 및 특징 이해하기

노션을 효율적으로 활용하려면 반드시 데이터베이스라는 강력한 기능을 깊이 이해하고 활용할 줄 알아야 합니다. 이번 파트에서는 데이터베이스의 기본 개념부터 다양한 응용법까지 누구나 쉽게 이해하고 적용할 수 있도록 설명하겠습니다.

5-1 데이터베이스의 기본 개념 및 특징 이해하기

데이터베이스(Database)란?

노션에서 「데이터베이스」는 다양한 유형의 데이터를 정리하고 체계적으로 관리하는 데 사용할 수 있는 기능입니다. 쉽게 말해『다양한 데이터 항목을 테이블(표) 형태로 저장하고 관리하는 시스템』입니다.

- 항목 (Item) : 데이터베이스에 저장되는 각 행으로, 독립적인 정보 단위를 나타냅니다.
- 속성 (Property) : 데이터베이스의 열로, 데이터 항목이 가지는 특성(이름, 날짜, 번호 등)을 나타냅니다.

노션 데이터베이스의 특별한 특징

- 다양한 뷰(View) 제공 : 표(Table), 보드(Board), 일정(Calendar), 목록(List), 갤러리(Gallery), 타임라인(Timeline) 등 다양한 시각적 구조로 데이터를 관리할 수 있습니다.

- 데이터를 연결/참조 가능 : 여러 데이터베이스 간에도 서로 연결(관계형 데이터베이스: Relation database)하여 보다 효율적으로 관리할 수 있습니다.

- 필터와 정렬 제공 : 데이터를 특정 조건에 맞게 필터링하거나, 정렬하여 필요한 자료만 바로 확인 가능합니다.

✔ 구체적인 활용 예시

회사 직원 정보를 데이터베이스로 정리한다고 가정하면, 각 직원은 「항목(Item)」으로 구분, 직원 이름, 부서명, 연락처, 이메일, 입사일 같은 항목은 「속성(Property)」으로 나타냅니다. 이로써 직원 정보를 매우 체계적으로 관리하고 빠르게 찾아보거나 필터링할 수 있습니다.

5-2. 데이터베이스 유형 및 다양한 화면 뷰 활용하기

노션 데이터베이스를 더욱 강력하게 하는 요소는 한 데이터베이스를 "다양한 뷰(View)"로 나타낼 수 있다는 점입니다. 노션은 최근 지속적인 업데이트를 통해 더욱 향상된 시각화 기능인 차트뷰(Chart View)를 추가하였습니다. 이로 인해 이제 더 이상 외부 차트 도구를 사용하지 않아도 노션 데이터베이스 안에서 바로 시각적으로 매력적인 차트를 생성할 수 있게 되었습니다. 그럼 뷰의 유형과 용도를 쉽게 알아보겠습니다.

1. 기존 데이터베이스 뷰의 유형과 특징

- 테이블(Table): 기본적인 형태로, 다양한 데이터를 심플하고 명확하게 볼 때 적합
- 보드(Board): 카드 형태로 시각적으로 데이터를 처리할 때 유용하며, 프로젝트 관리 등 상태 변경이 잦은 업무에 적합
- 캘린더(Calendar): 시간을 중심으로 일정을 관리할 수 있어 출장 일정, 미팅, 프로젝트 일정을 한눈에 표시할 수 있습니다
- 목록(List): 데이터가 많지 않을 때 주로 사용하며 간단한 할 일 정리에 좋습니다
- 갤러리(Gallery): 이미지 중심 데이터 정리 시 효과적이며, 제품 목록이나 디자인 포트폴리오 등에 유용
- 타임라인(Timeline) : 프로젝트 일정 및 진행상황을 시각적으로 보여주며, 프로젝트 관리 업무에서 가장 선호되는 뷰입니다.

2. 차트 뷰의 유형과 특징

①세로 막대형 차트(Column Chart)

세로 막대형 차트는 데이터를 수직 막대 형태로 나타내, 여러 항목의 숫자적 크기를 빠르고 정확하게 비교하여 볼 때 유용합니다.

✔ 이 차트가 적합한 상황
- 여러 항목 간의 숫자 비교(매출금액, 판매수량 등)
- 시기마다 변하는 데이터의 추이를 한눈에 파악할 때

✔ 실제 활용 예시

예) 영업 팀의 직원별 월간 판매금액 비교

예) 프로젝트별 예산 집행 현황

②가로 막대형 차트(Bar Chart)

가로 막대형 차트는 데이터를 수평 방향의 막대로 표시하는 방식으로, 항목 이름이 많거나 텍스트 길이가 긴 데이터를 시각화할 때 특히 효과적입니다. 항목의 이름이 잘리지 않으면서도 데이터 값을 명확히 확인할 수 있는 구조입니다.

✔ 이 차트가 적합한 상황
- 항목의 레이블(이름)이 길어서 가로로 보는 게 편리할 때
- 항목이 많아 세로 막대로 표현하면 복잡해 보일 우려가 있을 때

✔ 실제 활용 예시

예) 마케팅 부서에서 진행한 캠페인 별 방문자 수 비교

예) 콘텐츠별 조회 수, 좋아요 수 같은 소셜미디어 성과 분석 시

3 꺾은선형 차트(Line Chart)

꺾은선 차트는 시간 흐름이나 단계에 따라 지속적으로 변화하는 데이터의 추세 및 변화를 시각화할 때 가장 뛰어난 효과를 내는 차트입니다.

✔ 이 차트가 적합한 상황

시간에 따른 변화를 볼 때(주, 월, 연단위 분석)

변화의 흐름과 트렌드를 파악할 때 가장 효과적

✔ 실제 활용 예시

예) 웹사이트 월별 방문자 수 변화 그래프

예) 연간 매출과 이익률 흐름 분석

예) 개인의 장기적인 학습량 변화 및 운동 습관 관리 그래프

4 도넛형 차트(Donut Chart)

동그란 원 형태의 이 차트는 각 항목이 전체에서 차지하는 비율을 한 눈에 이해할 수 있도록 도와줍니다. 각 항목의 상대적인 비율과 비중을 직관적으로 시각화하는데 가장 적합합니다.

✔ 이 차트가 적합한 상황

비율과 구성(%)을 중점으로 데이터 분석이 필요할 때

전체에서 특정 항목들의 비중을 한눈에 보여줄 때

✔ 실제 활용 예시

예) 마케팅 예산을 채널별(구글, 유튜브 등)로 어떻게 사용하는지 비율 분석

예) 고객의 지역별 분포 비율을 한눈에 확인하고 싶을 때

예) 설문 조사 결과 각 응답 항목별 비율 분석

3. 노션 데이터베이스 만들기 - 단계별 따라하기

앞서 데이터베이스의 개념과 특징을 자세히 다뤘습니다. 이번에는 직접 노션에서 데이터베이스를 만들어 보고, 자신의 업무 또는 개인용 데이터 관리에 활용할 수 있도록 실습해보겠습니다.

Step 1. 데이터베이스를 생성할 신규 페이지 만들기

- 노션 Workspace 내 빈 공간에서 왼쪽 하단의 「+ 페이지 추가」(Add a Page)를 눌러 새 페이지를 만들어 주세요.
- 페이지 제목을 원하는 대로 입력합니다. 예를 들어, 직원 연락처 데이터베이스 라고 입력해 보세요.

Step 2. 데이터베이스 형식 선택하여 생성하기

노션에서는 두 가지 방법으로 데이터베이스를 생성할 수 있습니다. 원하는 방법을 선택해 만듭니다.

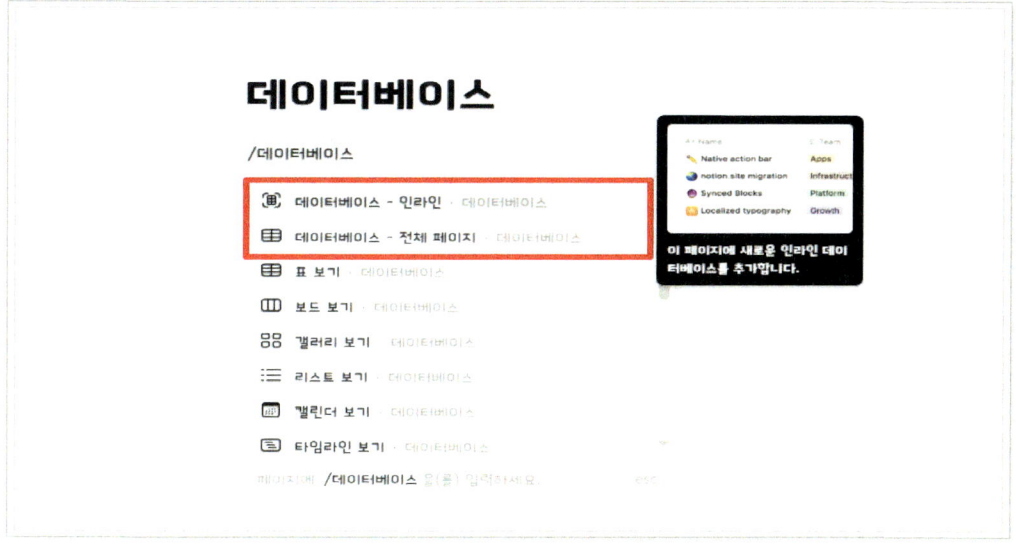

데이터베이스를 입력하면 다양한 보기 형태들이 필터링이 됩니다. 보기 형태는 인라인, 전체페이지로 작업 후 추가해서 가능하기 때문에 처음 데이터베이스를 작업하는 경우라면 가장 쉬운 인라인으로 선택 후 진행해봅니다.

방법① : 페이지 내 본문에서 바로 데이터베이스 추가하기
- 페이지 본문으로 커서를 이동한 후, /데이터베이스 라고 입력합니다.
- 표시되는 메뉴 중 "인라인"을 선택하여 클릭합니다.

이렇게 하면 간단하게 표 형식의 새 데이터베이스가 페이지 내에서 자동 생성됩니다.

방법② : 전체 페이지(Full page) 형태의 데이터베이스 생성하기

새 페이지 생성 화면에서 바로 "데이터베이스(Database)" 버튼을 눌러 다양한 옵션(표, 보드, 캘린더 등) 중 하나를 선택하여 생성합니다.

특히 깔끔한 전체 페이지 형태의 데이터베이스를 추천할 때는 "데이터베이스 전체" 항목을 선택합니다.

이 방법으로 생성하면 해당 페이지 자체가 바로 데이터베이스로 최적화된 형태가 됩니다.

💡 **팁**

페이지 내 일부로 작은 데이터베이스를 넣고 싶으면 방법 ①을 사용하고, 데이터베이스를 독립적이고 완전한 형태로 본격 활용하고 싶다면 ②번 방식(Full page)을 추천합니다.

Step 3. 데이터베이스의 속성(Property) 자유롭게 구성하기

데이터베이스의 중요한 매력은 내 업무나 개인 용도에 맞는 속성을 자유롭게 추가·수정할 수 있다는 점입니다. 예를 들어 직원 연락처 관리 데이터베이스라면, 아래와 같은 속성을 만들어보면 좋습니다. 아래 예시 표를 보고 여러분도 직접 데이터베이스 인라인을 활용하여 만들어보시기 바랍니다.

속성명 (Property)	유형 (Type)	사용 목적 (예시)
이름	텍스트(Text)	직원의 성명 입력
부서	선택(Select)	부서를 선택하여 관리
연락처	전화(Phone)	직원 개인의 회사 연락처 입력
이메일	이메일(Email)	직원 개인의 회사 이메일 주소 입력
입사일	날짜(Date)	직원의 입사 날짜 명확히 기록
증명사진	파일(File)	직원의 증명사진 첨부

/데이터베이스 인라인 블록을 선택 후 우측 패널에 뜨는 새 데이터베이스는 빈 데이터베이스 새로 만들기를 선택합니다.

데이터베이스의 제목은 직원연락처 관리라고 작성하고, 표는 클릭하면 이름을 바꿀 수 있으니 자유롭게 변경해봅니다.

직원 연락처 관리라는 데이터베이스 이름은 우측에 있는 점 세개를 클릭하여 숨기기를 할 수 있습니다. 데이터베이스 제목은 공간으로 두지 않고, 필히 작성하도록 합니다. 데이터베이스는 추후 연결하여 사용하는 경우가 많으며, 연결 시 확인되는 부분이 제목이기 때문에 꼭 작성해야 한다.

속성에 가장 앞에있는 이름은 기본 속성으로 유형을 선택할 수 없습니다. 이름을 클릭하면 다른 이름으로 수정은 가능하니 "직원이름"으로 바꿔봅니다.

속성 추가는 + 버튼으로 할 수 있습니다.

속성 추가를 선택하면 다양한 유형을 볼 수 있습니다. 텍스트, 숫자, 선택 등을 선택 후 속성을 추가하면서 데이터베이스를 완성해 나갑니다. 부서 속성을 만들고 유형은 선택을 체크하도록 합니다.

속성 이름을 바꾸고 옵션 추가를 선택하여 총무부, 회계부, 마케팅부를 하나씩 입력해봅니다.

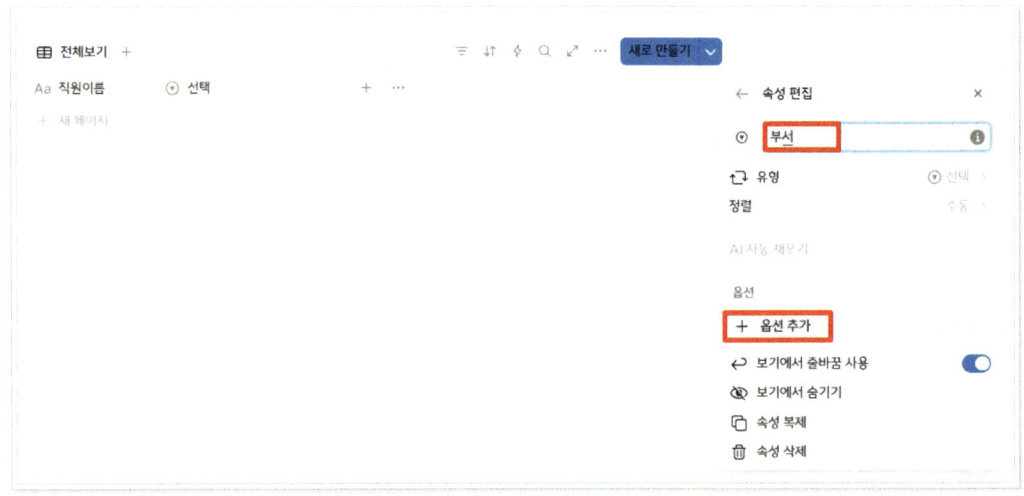

옵션으로 표시되며, 선택하여 작업할 수 있습니다. 색깔을 변경하고 싶다면 옵션을 선택하여 변경할 수 있습니다.

예시로 드린 표를 바탕으로 속성과 유형을 만든 후 데이터베이스 내의 새 페이지를 클릭 후 예시로 입력하면 아래와 같습니다. 쉽게 만들어집니다.

가장 기본적인 데이터베이스 만들기를 알아보았습니다. 누구나 기본 개념만 익히면 데이터베이스를 만드는 것은 쉽게 할 수 있습니다. 노션 데이터베이스의 큰 장점은 동일한 데이터베이스에 다양한 뷰 형태를 추가하여 상황과 목적에 따라서 보기를 바꿀 수 있다는 점입니다. 예를 들어 연락처 데이터베이스의 기존 테이블 뷰 외에도, 아래와 같은 뷰를 추가할 수 있습니다.

- 보드 뷰(Board View) : 부서 별 연락처 정보를 직관적인 카드 형태로 관리할 수 있습니다.
- 캘린더 뷰(Calendar View) : 직원들의 입사일을 달력 형태로 직관적으로

관리 가능해집니다.
- 갤러리 뷰(Gallery View) : 직원의 사진과 함께 정보를 관리할 수 있는 이미지 중심의 보기 형태도 가능합니다.

뷰 추가방법은 데이터베이스 제목 오른쪽의 ["+ 추가(Add)] 버튼 → 뷰(View)를 선택하여 원하는 형식으로 간단히 설정 가능합니다.

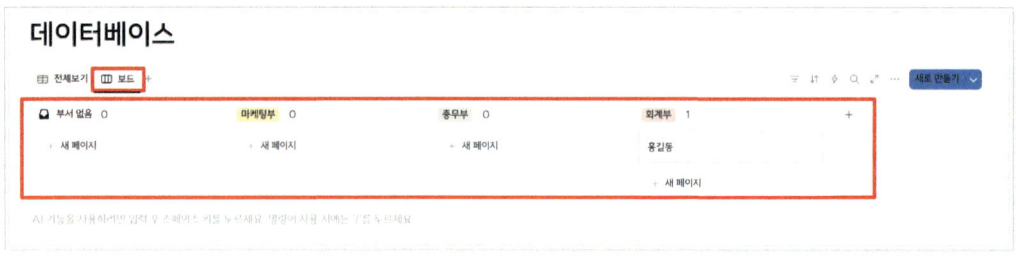

데이터베이스 직접 만들기 - 간단한 정리TIP

① 새 페이지 만들기
② 데이터베이스 추가하기(테이블 형태 추천)
③ 속성(Property) 설정하고 추가하기
④ 데이터 항목(Item) 직접 입력하기
⑤ 다양한 뷰 추가(View)를 통해 다양한 활용

모든 단계를 직접 따라해 보시면 금방 숙달되며 어렵지 않다는걸 금방 느끼실 겁니다. 이제 노션 데이터베이스를 스스로 만들어 보았으니, 여러분도 본인의 업무와 개인 목적에 맞게 얼마든지 응용하고 변형하여 적극 활용할 수 있습니다. 이 장의 내용을 통해 데이터베이스 개념에서부터 사용법까지 명확히 이해하고 익숙해지셨기를 바랍니다.

5-3. 데이터베이스 내 필터와 정렬 쉽게 사용하기

앞서 우리는 노션 데이터베이스의 다양한 형태(뷰)에 대해 살펴보았습니다. 이제 데이터베이스를 더욱 효율적으로 관리하기 위한 핵심 기능 중 하나인 '필터(Filter)'와 '정렬(Sort)' 기능에 대해 알아보겠습니다. 데이터를 많이 쌓다 보면 원하는 정보를 신속하게 찾거나, 특정 기준에 맞는 정보를 효과적으로 정리하는 능력이 매우 중요해집니다. 이때 단순한 관리에서 그치지 않고 데이터를 분석하고 활용하기 좋게 도와주는 것이 바로 필터와 정렬입니다.

1. 필터(Filter) 기능의 개념과 활용법 알아보기

데이터베이스 필터란 무엇인가요?

필터(Filter)는 데이터베이스에 저장된 수많은 데이터를 특정 기준이나 조건에 맞게 걸러서 원하는 데이터만 추출하여 보여주는 기능입니다. 많은 정보를 한눈에 파악해야 하는 업무에서는 필수적으로 활용될 수밖에 없는 강력한 기능입니다.

필터의 대표 활용 예시 쉽게 살펴보기

고객명	지역	구매금액	구매일자	담당자
홍길동	서울	300만원	2023.10.01	김팀장
김민수	부산	120만원	2023.09.22	이과장
이지영	인천	400만원	2023.09.27	김팀장

영업부서에서 '서울 지역의 고객'이나 '구매 금액이 300만원 이상인 고객'만 선택하여 보기 위해 필터를 활용합니다.

- 「지역」이 "서울"인 고객만 필터링
- 「구매금액」≥ "300만원" 이상만 필터링하기
- 「담당자」가 "김팀장"이고, 「구매금액」이 200만원 초과인 복합 조건 필터링도 가능합니다.

이러한 필터 기능은 현실적인 업무상황에서 여러분의 업무 생산성을 크게 높여줄 것입니다.

데이터베이스를 만든 후 우측에 보이는 메뉴에서 필터를 선택해봅니다. 필터 옆에 있는 기능은 정렬입니다. 필터를 선택 후 지역에 체크합니다.

값과 동일한 데이터를 선택하고 서울이라고 입력하면 데이터베이스에 있는 내용이 서울 지역으로 필터링 되는 것을 확인할 수 있습니다. 유형마다 선택이 다릅니다.

2. 정렬(Sort) 기능의 개념과 활용법 이해하기

데이터베이스 정렬(Sort)이란 무엇인가요?

정렬(Sort) 기능은 데이터베이스 내 항목(Item)을 사용자가 원하는 특정 속성(Property)에 따라 순서대로 배열하는 기능입니다. 이로 인해 방대한 데이터를 기준별로 깔끔하게 정리할 수 있습니다.

정렬 조건은 날짜순(오름차순, 내림차순), 이름순, 숫자 크기별 등 다양하게 설정 가능합니다.

정렬의 대표 활용 예시

프로젝트 업무 관리 데이터베이스 예시

업무명	담당자	진행상태	마감일
보고서 작성	박대리	진행중	2023.10.09
기획안 작성	이사원	완료	2023.10.04
리서치 수행	최사원	진행중	2023.10.06

데이터베이스를 마감일이 급한 업무부터 차례로 정렬하여 최우선 할 일을 명확히 합니다.

- 「마감일」 기준 오름차순 정렬하면 가장 가까운 날짜 순서대로 나타납니다.

- 「담당자」를 기준으로 정렬하면 개인별로 업무를 한눈에 보기 쉽습니다.
- 정렬 기능은 업무 우선순위 관리, 일정 관리에 큰 도움이 됩니다.

정렬 설정 방법 (단계별 따라하기)

노션 데이터베이스의 정렬 방법은 직관적이고 쉬우며, 다음 단계로 따라 진행하면 됩니다.

① 정렬할 데이터베이스 오른쪽 상단의 [정렬(Sort)] 버튼을 클릭합니다.
② 설정하려는 조건을 선택합니다. 속성(Property), 오름차순(ascending) / 내림차순(descending)을 설정
　예시:『마감일(속성)-오름차순(ascending)』
③ 즉시 조건이 적용되어 데이터들이 기준에 맞게 빠르게 정렬됩니다.
④ 조건을 추가하고 싶을 땐 [+ 정렬 추가(Add sort)] 버튼을 눌러 조건들을 순차적이고 복합적으로 적용 가능합니다.

3. 필터와 정렬 기능 함께 활용하기

노션 데이터베이스의 진정한 강점은 필터와 정렬 기능을 혼합하여 동시에 적용할 수 있다는 점입니다. 이를 통해 보다 섬세하고 정확한 데이터 관리가 가능합니다.

복합 활용 사례 예시

상황:『마케팅팀에서 진행 중인 콘텐츠 업무 중 마감일이 급한 업무만 우선적으로 확인하기』

① 필터로 조건을 설정: 상태(Status)가 '진행중'인 것만 표시합니다.

② 정렬 조건을 추가: 마감일(Date)을 기준으로 오름차순 정렬을 하여 가장 급한 업무부터 직관적으로 확인할 수 있게 합니다.

이번 챕터의 핵심 요약 정리

이 챕터를 통해 여러분은 노션 데이터베이스에서 필터(Filter)와 정렬(Sort) 기능의 기본 개념뿐만 아니라, 실제 사용에 있어서 그 중요성과 현업에서의 활용 방법을 충분히 이해했습니다.

- 필터는 특정 조건에 맞는 데이터만 보기 좋게 추출하는 기능 (조건 기반 추출)
- 정렬은 데이터를 원하는 기준에 따라 보기 좋게 배열하는 기능 (체계적인 순서 배열)
- 두 가지 기능을 동시에 활용하면 데이터베이스 관리 능력을 극대화 가능

이제 필터와 정렬을 효과적으로 활용함으로써 방대한 데이터를 명료하게 관리하고, 업무나 개인 생활의 생산성과 효율성을 크게 높이게 될 것입니다. 노션 데이터베이스와 함께 앞으로의 데이터 관리를 스마트하고 전문적으로 해보세요.

PART 6
쉽고 빠르게 배우는 노션 공유&협업하기

6-1. 노션 페이지 공유 방법 마스터하기
6-2. 팀원과 게스트 초대하여 함께 작업하기

6-1 노션 페이지 공유 방법 마스터하기

노션에서 작성한 페이지는 쉽고 다양한 방식으로 공유할 수 있습니다. 업무 문서를 동료와 공유하거나, 외부 고객이나 파트너에게 적합한 자료를 전달할 때 활용되며, 정보 전달 및 의사소통 효율성을 크게 높이는 강력한 기능입니다.

1. 페이지 공유 대표적 방법 3가지

- 링크로 페이지 공유 (공개 페이지)
- 개별 사용자를 직접 초대하여 페이지 공유
- 외부에 웹사이트 형식으로 페이지 공유 (Public Web)

① 링크로 페이지 공유하기 (공개 링크 생성)

가장 자주 사용하는 공유 방식입니다. 노션 페이지를 웹 페이지 형태로 간단히 발행해 누구나 클릭하면 볼 수 있게 만듭니다.

✔ 활용 예시 상황
- 회사 자료, 보고서 등 팀 전체에게 빠르게 배포할 때
- 외부 제안서나 포트폴리오 등 고객에게 편리하게 전달할 때

✔ 공유 방법 단계별 따라하기

step1. 페이지 오른쪽 상단의「공유(Share)」버튼 클릭

step2.「웹에서 공유: 비활성화(Off)」→ 활성화(On) 전환

step3. 생성된 공개 URL을 복사 후 이메일이나 메신저 등으로 공유

✔ 공유에 고급 옵션 선택하기

공유 설정 시 '수정 허용', '댓글 달기 허용', '복제 허용(템플릿 복제 가능)' 등 다양한 고급 설정이 가능합니다.

② **특정 사용자만 초대하여 페이지 공유하기 (개별 초대 공유)**

특정 사용자에게만 페이지 접근 권한과 편집 권한을 제공하는 형태로 안전하고 체계적인 자료 관리를 위해 추천합니다.

✔ 활용 예시 상황

기밀성이 중요한 팀 내부 문서를 보안성 있게 공유하고 싶을 때

특정 프로젝트를 위한 팀원끼리의 문서 공유 시

✔ 공유 방법 단계별 따라하기

step1. 페이지 상단의「공유(Share)」클릭 후 사용자 이메일 주소 입력

step2. 권한 선택(읽기 권한, 편집 권한, 댓글 권한 등) 지정

step3. 초대하면 이메일을 통해 노션 초대장이 발송되며 대상자가 접속해 볼 수 있습니다.

✔ 이메일이 아닌, 노션 내 이미 같이 팀원으로 등록된 사용자는 이름만 입력해 빠르게 공유 가능 (단, 게스트는 다음 챕터에서 별도로 다룹니다.)

③ 외부 웹사이트 형식으로 페이지 퍼블릭 공유하기 (Public Web)

외부 사용자에게 특별한 로그인이나 가입 없이 웹사이트 형태로 만들듯이 노션 페이지를 무료로 공개할 수 있습니다. 사용자는 웹브라우저로 바로 확인 가능합니다.

✔ 활용 예시 상황

외부 포트폴리오 사이트로서 노션 활용

제품 소개서나 홍보 자료 페이지로 이용하는 경우

✔ 공유 방법 단계별 따라하기

step1. 공유버튼(Share) 클릭

step2. 「웹에서 공유」 옵션을 활성화(On)

step3. URL 복사 공유(웹사이트 형태의 페이지 공개. 누구나 열람 가능 상태)

✔ 제한이 없도록 주의해야 합니다. 민감한 자료는 공개하지 않는 것이 바람직합니다!

6-2 팀원과 게스트 초대하여 함께 작업하기

이제는 노션의 강력한 협업 기능인 '팀원 초대' 기능과 '게스트 초대' 기능에 대해 집중적으로 살펴보겠습니다. 노션은 두 가지 형태의 멤버십 초대를 지원합니다. 이를 통해 외부 파트너나 프리랜서 작업자 등을 효율적으로 관리하며 협업의 효율을 극대화합니다.

1. 팀원(workspace member) 초대하고 협력하기

노션 워크스페이스에 공식적으로 추가하는 사용자를 '팀원'이라 부르고, workspace내 대부분의 페이지를 볼 수 있는 권한을 부여합니다.

✔ **언제 팀원 초대를 활용하는 게 좋을까요?**

회사 내부 정규 직원 (같이 다수 문서를 장기 협력 관리가 필요한 내부 인력)에 초대할 때, 정기적·반복적으로 협업하는 내부 사용자 추가 시 유리합니다. 팀원으로 초대할 경우 비용이 발생할 수 있습니다. 1인당 비용이니 참고합니다. 노션을 무료로 사용하고 있는 사용자가 팀원을 초대할 경우 블록 무제한 사용이 제한으로 변경되면서 사용이 어려울 수 있습니다. 무료로 협업을 하고자 한다면 아래 게스트 초대 방법으로 활용하시기 바랍니다.

✔ **팀원 초대 단계별 절차**
- 화면 왼쪽 사이드바에서「설정과 구성원(Settings & Members)」메뉴 클릭
- 「구성원(Members)」탭 →「구성원 초대하기」클릭
- 초대할 사용자의 이메일 주소를 넣고 초대장을 발송
- 초대받은 사용자가 초대 링크를 통해 워크스페이스에 가입 (공유한 페이지에서 함께 작업 가능)

2. 게스트(Guest) 초대하여 원하는 페이지만 협력하기

게스트 초대는 전체 워크스페이스가 아니라 특정 페이지 단위로만 접근을 허용하는 방식으로, 최소한의 협업이 필요한 외부 사용자에게 추천합니다.

✔ 게스트 초대 이렇게 활용하면 좋습니다!
- 외부 계약직 디자이너나 개발자와 단일 프로젝트 수행 시
- 고객들이나 특정 거래 파트너에게 딱 원하는 페이지만 보기 가능하게 할 때 유용함

✔ 게스트 초대하기 단계별 절차
- 공유할 특정 페이지 내 우측 상단 [공유(Share)]클릭
- 이메일 주소로 게스트 초대 (특정 대상자 지정 초대 가능)
- 게스트 권한 설정 (보기, 댓글, 편집 권한 중 선택)
- 초대받은 게스트는 이메일 안내에 따라 간단히 노션에 접근 (지정된 페이지나 하위 페이지에서만 작업 가능)

✔ 게스트 초대 후 나타나는 화면은 꼭 건너뛰기를 클릭해야 합니다.

PART 7

초보자를 위한 알쓸잡 지식

7-1. 자주 사용하는 노션 필수 단축키 정리
7-2. 수식을 활용해 폰트 사이즈 및 색상 변경
7-3. 데이터베이스 복제 및 링크된 베이스

7-1 자주 사용하는 노션 필수 단축키 정리

단축키는 노션 작업 속도를 빠르게 하고 생산성을 극대화하는 필수적인 방법입니다. 숙달된 사용자와 초보 사용자 간의 가장 큰 차이 중 하나는 바로 『단축키 활용 능력』입니다. 노션에서 제공하는 대표적이고 자주 사용하는 단축키 목록을 상황 및 작업별로 나누어 알기 쉽게 살펴보겠습니다.

1. 필수 기본 단축키

가장 자주 쓰는 기본적인 단축키부터 익혀보겠습니다.

- 새로운 페이지 만들기 : Cmd / Ctrl + N
- 빠른 검색창 열기(빠른 페이지 이동) : Cmd / Ctrl + P
- 현재 페이지에서 검색하기 : Cmd / Ctrl + F
- 되돌리기 (Undo) : Cmd / Ctrl + Z
- 다시 실행 (Redo) : Cmd / Ctrl + Shift + Z
- 텍스트 굵게 : Cmd / Ctrl + B
- 텍스트 기울임체 : Cmd / Ctrl + I
- 텍스트에 밑줄 추가 : Cmd / Ctrl + U

2. 블록(Block) 관리 단축키

노션 블록을 빠르게 편집하고 관리하는 유용한 단축키입니다.

- 새 블록 생성 (줄 바꿈하여 새 블록 시작) : Enter
- 블록 삭제 : 블록 선택 후 Delete 또는 Backspace
- 블록 복제 : 블록 선택 후 Cmd / Ctrl + D
- 블록 이동 : 블록 선택 후 Cmd / Ctrl + Shift + 위아래 화살표

- 블록 여러 개 동시 선택 : Shift 누른 상태로 마우스 클릭 또는 방향키로 지정

3. 데이터베이스 전용 단축키

특히 데이터베이스 작업 시 활용하면 좋은 단축키입니다.

- 데이터베이스에 새 항목 추가 : 아래쪽 항목에서 Enter
- 데이터베이스 행 삭제 : 행 선택 상태에서 Cmd / Ctrl + Shift + Delete
- 필터, 정렬 창 빠르게 호출 : 데이터베이스 내에서 Cmd / Ctrl + Shift + F (필터), Cmd / Ctrl + Shift + S (정렬)

4. 블록 활용 전용 단축키

기본 블록을 활용하여 작업 시 도움이 되는 단축키 입니다.

- 제목1 : # + 스페이스
- 제목2 : ## + 스페이스
- 제목3 : ### + 스페이스
- 구분선 : - - - 연결해서 3개 쓰기
- 할일 : [] + 스페이스
- 토글 : > + 스페이스
- 리스트 - + 스페이스

이렇게 자주 사용되는 필수 단축키만 외우고 숙지해도 노션 작업의 생산성과 작업속도가 크게 향상됩니다. 초기엔 몇 개만 골라 외워 사용하되, 점차적으로 숙달하여 자연스러운 작업 습관으로 만들어 보세요.

7-2 수식을 활용해 폰트 사이즈 및 색상 변경하기

노션 사용자는 가끔 텍스트의 표현방식을 바꾸고 싶어 합니다. 기본적으로 노션에서는 수동으로 변경하는 폰트 색상 옵션과 하이라이트 색상은 제공되지만 폰트 크기 조정을 위한 별도의 기능이 없습니다. 이때 텍스트를 조금 더 강조하거나 시각적으로 풍성하게 표현하기 위해 '수식(formula)' 기능을 사용할 수 있습니다.

노션에는 수학공식과 인라인 수학 공식 블록으로 수식을 활용하여 텍스트의 크기와 색상을 자유롭게 바꿀 수 있습니다. 이 부분이 어려우신 분들은 우노피노님의 사이트를 통해 쉽고 빠르게 변경할 수 있으니 하단 자료를 참고해주세요.

수학 공식 블록을 사용하면 텍스트가 가운데 정렬로 표시되고, 인라인 수학공식을 사용하면 좌측 정렬로 표시됩니다. 노션은 가운데 정렬로 텍스트 표현이 어렵습니다. 필요한 경우 수학 공식 블록을 활용하여 멋진 노션 페이지를 구성할 수 있습니다.

1. 수식을 이용한 폰트 크기 조정 예시

노션의 /수식(formula) 블록을 추가한 후 아래와 같은 LaTeX 명령어를 입력하면 폰트 사이즈가 조정된 텍스트로 출력됩니다.

- 매우 작게 표현: \tiny\text{텍스트를 작게 표현합니다.}
- 보통보다 조금 작은 크기: \small\text{조금 작은 폰트 크기의 예시 입니다.}
- 크게 표현 (강조 효과): \Large\text{중요한 내용을 강조할 때 유용합니다.}
- 아주 크게 표현하는 크기: \Huge\text{가장 큰 폰트로 잘 보이는 텍스트}

노션에서 사용할 수 있는 폰트 크기는 아래와 같습니다. 다른 사이즈는 적용되지 않으니 참고해주세요.

- Huge - huge - LARGE - Large - normalsize - small - footnotesize - scriptsize - tiny

- \tiny\text < 여기에 표시된 \은 백슬래시 입니다.

2. 수식을 이용한 폰트 색상 변경 예시

수식(formula)을 통해 글자색과 강조색을 변경할 수 있습니다.

- 텍스트 색깔 변경 예시 (빨강색 텍스트):

\color{red}\text{빨간색 강조를 위한 텍스트}

- 강조를 위한 박스형 강조색 예시 (노란 형광색 박스 안의 검정 문자 예시):

\colorbox{yellow}{\textcolor{black}{강조하고 싶은 내용}}

이러한 간단한 수식 활용을 통해, 노션 내 텍스트를 시각적으로 풍성하고 효과적으로 강조할 수 있습니다. 특히 수업 자료, 발표 자료 및 중요 문서 제작 시 적극 사용하면 좋습니다.

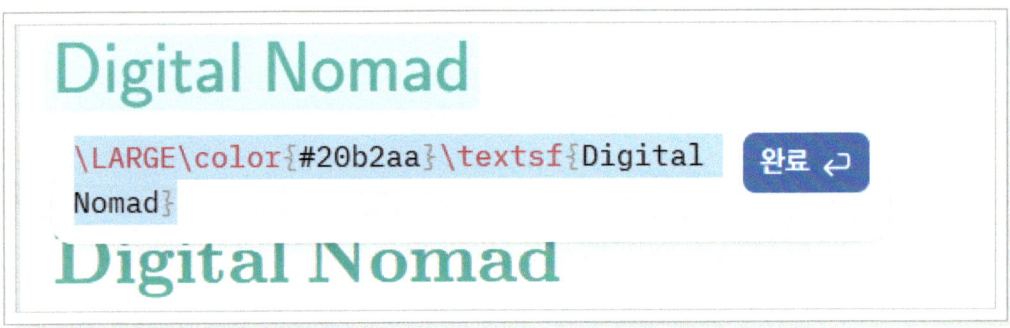

컬러는 색상표를 활용할 수 있고, 텍스트 모양은 아래와 같습니다.

- mathrm - mathnormal - rm - textnormal - text - mathsf - textsf - sf - mathbf - textbf - bf - bold - boldsymbol - bm - textmd - mathtt - texttt - tt - mathit - textit - textup - Bbb - mathbb - frak - mathfrak - mathcal - cal - mathscr

3. 수식을 이용한 추가 예시

텍스트의 배경색을 넣는 방법도 수식으로 충분히 가능합니다. 아래 예시 이미지를 보면서 여러분도 하나씩 적용해보시기 바랍니다.

공식에서 줄바꿈이 필요한 경우도 있습니다. 어렵지는 않지만 수식이 길어져서 어렵게 느껴질 수도 있습니다. 구분선은 이미지로 만들어서 사용하기도 하지만 수식 활용도 가능합니다.

Unset
\\color{#10439F}\\rule{860px}{5px}

- #10439F는 색상입니다. 변경할 수 있습니다.
- 860px은 길이입니다. 노션 전체 화면의 경우 860px이 적당할 수 있지만 사용자에 따라 조절합니다.
- 5px은 구분선의 두께입니다.

인라인 수학 공식 적용

수학 공식 적용

데이터베이스에는 공식을 넣을 때 텍스트 유형으로 진행하고 코드는 위에 사용한것과 동일하지만 코드 앞 뒤에 $$<< 이 붙어야 적용이 됩니다.

4. 간단한 사이트를 활용한 폰트 크기와 색상 바꾸기

노션에서 제공하는 공식 블록으로 수식을 넣어서 멋있게 꾸미는 일이 귀찮거나 어려울 수도 있습니다. 이런 어려운 과정을 쉽게 사용할 수 있도록 우노피션님의 사이트를 활용하도록 하겠습니다.

 《사이트 바로가기는 QR코드를 활용합니다.

내용을 입력하고 각 색을 클릭해서 원하는 색으로 바꾸고 적용하기 그리고 결과값을 복사해서 노션에 공식 블록에 붙여넣기를 하면 됩니다. 아쉽게도 폰트 모양까지 변경되는 결과값은 아닙니다.

- 변경할 내용에 원하는 텍스트를 입력합니다.
- 글자색과 배경색을 적용합니다. 색상을 클릭하면 색상표가 보입니다.
- 크기를 조정합니다.
- 결과값옆에 복사하기를 클릭합니다.
- 노션 페이지에서 수학 공식 블록, 인라인 수학 공식 블록을 선택합니다.
- 변경된 내용을 확인 후 사용합니다.

노션의 꾸미기 기능이 부족하여 아쉬웠다면 이번에 알려드린 방법을 활용해서 멋진 노션을 만들어보시기 바랍니다.

7-3 데이터베이스 복제 및 링크된 베이스 차이점

노션에서 데이터베이스 관리를 할 때 헷갈리는 개념 두 가지가 있습니다. 바로 「데이터베이스 복제」와 「링크된 데이터베이스」입니다. 두 개념은 비슷해 보이지만 명확한 차이를 갖습니다. 잘못 이해하면 자료 관리가 혼란스러워질 수 있습니다. 이 차이점을 쉽고 명확히 구분하여 설명하겠습니다.

1. 데이터베이스 복제(Duplicate)란 무엇인가?

데이터베이스 복제는 데이터베이스를 완전히 복사하여 별도의 독립적인 데이터베이스로 만드는 기능입니다. 복제된 데이터베이스는 원본과 완전히 분리되어 있어, 한 쪽에서 변경 작업을 해도 다른 한 쪽은 영향을 받지 않습니다.

사용 예시

여러 팀이 동일한 양식을 사용할 때, 기존에 만들어 놓은 데이터베이스 양식을 복제하여 각각 독립된 데이터베이스로 운영하면 좋습니다.

2. 링크된 데이터베이스(Linked database)란 무엇인가?

링크된 데이터베이스는 기존 데이터베이스를 실제로 복사하여 별개로 만드는 대신, 하나의 원본 데이터를 여러 곳에서 불러와 공유하여 함께 사용하는 방식입니다. 링크된 데이터베이스는 원본이 수정되면 모든 곳에서 실시간 반영됩니다.

사용 예시

한 팀이 쓰고 있는 업무 전체 리스트가 있다고 가정할 때, 각 팀원이 자기 업무만 필터링하여 보려고 링크된 데이터베이스를 추가하여 개인 업무 페이지로 만듭니다.

이처럼 데이터베이스 복제와 링크된 데이터베이스를 목적에 따라 정확하게 구분하여 사용하면 효율적이고 전문적인 데이터 관리를 할 수 있습니다.

복제를 선택하면 현재 데이터베이스 하단에 복제가 되면서 하나의 데이터베이스가 더 생기게 됩니다. 링크 복사를 하면 다른 페이지에서도 사용할 수 있습니다. 연결된 데이터베이스 보기로 붙여넣기를 하면 됩니다.

이제 당신은 노션이라는 훌륭한 도구를 통해 업무와 개인 생활 모두에서 효율성을 극대화할 준비가 되었습니다. 이 책을 통해 익힌 기초부터 심화 내용까지 친절한 설명과 구체적인 예시들을 계속 복습하면서 완벽히 내 것으로 만들어 보세요. 앞으로의 더 효율적이고 체계적인 일상과 업무를 응원합니다.

Epilogue

축하합니다! 당신은 이제 노션 초보 탈출입니다.

지금까지 여러분은 '노션'이라는 특별한 도구를 통해 업무 관리, 개인 일정관리, 프로젝트 협업 등 다양한 방법을 익혔습니다. 여기까지 함께 해주셔서 감사합니다.

이 책을 쓰면서 저는 제 과거를 자주 생각했습니다. 불과 몇 년 전만 해도 저는 업무와 일상을 제대로 정리하지 못해 시간과 정보 속에서 허우적거리던 사람이었죠. 목표는 있었지만 그 목표까지 다가가는 방법이 막막했던 때였습니다. 하지만 노션과 함께하면서 매일의 성장과 변화를 온전히 느낄 수 있었습니다. 업무와 삶을 제대로 정리하고 명확한 방향과 로드맵을 세우게 되었죠.

바로 여러분 역시 저와 마찬가지로 노션과 같은 훌륭한 도구를 통해 자기 주도적 삶의 가능성을 열어가시기를 진심으로 바랍니다. 이제 이 책을 덮으며, 여러분 스스로가 여러분 인생이라는 책의 새로운 챕터를 쓰게 될 시간이 왔습니다.

이 책이 여러분에게 큰 힘과 도움이 되어 노션을 통해 더 높은 업무 능률은 물론, 새로운 꿈과 목표를 이루는 계기가 되기를 진심으로 응원합니다. 노션을 만나는 건 결국 더 자유롭고 주도적인 인생을 만나게 되는 일이라고 믿습니다. 노션과 함께, 내가 원하는 삶을 멋지게 디자인해 나가세요! 제가 여러분의 멋진 여정을 언제나 응원하겠습니다.

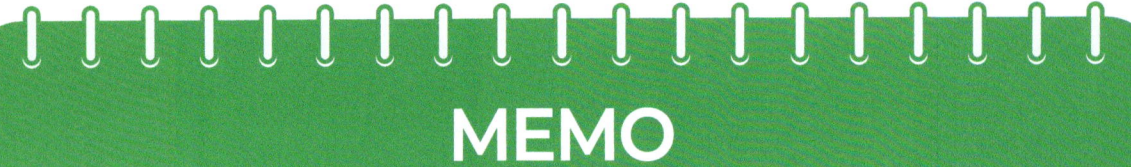